LE MINOTAURE

Marcel Aymé

Petit carnet de mise en scène
de Olivia Orlandi, comédienne
et metteur en scène

Précédé d'un avant-propos de Françoise Arnaud

GALLIMARD JEUNESSE

Sommaire

Le Minotaure

Personnages

(par ordre d'entrée en scène)
LE MINOTAURE
MOURLON
GÉRARD
MARGUERITE
IRÈNE
RIRETTE
MICHOU

Le Minotaure *a été présenté pour la première fois à Paris, au théâtre des Bouffes-Parisiens, le 18 octobre 1963. Mise en scène de Jean Le Poulain dans les décors de Jean-Denis Malclès; robes de Jacques Heim.*

À Paris, de nos jours. Le décor représente une perspective de deux salons en enfilade, peints sur une toile de fond et meublés avec recherche. Complétant le décor de la toile, de vrais meubles prolongent l'un des salons sur la scène. Au premier plan, vers la droite, un tracteur rouge, l'avant tourné au public. Porte à droite, porte à gauche.

Mourlon, quarante ans, vêtu d'une combinaison de mécanicien, est assis sur le siège du tracteur.

Gérard Forestier, quarante-cinq ans, vêtu avec une élégance sévère, se tient au milieu de la pièce et considère le tracteur en fermant à demi les yeux.

MOURLON

Je l'ai mis juste dans la diagonale, mais si vous voulez, je peux le redresser, c'est facile.

GÉRARD

Non, l'inclinaison est bonne. Ce que vous pourriez faire, c'est reculer un peu... Quoique... Attendez... Je me demande... *(Un silence.)*

MOURLON

J'arrête le moteur?

GÉRARD

Non… Une seconde, voulez-vous?

MOURLON

Ce que je vous en dis, c'est pour vous, à cause de l'échappement. C'est pas recommandé, ni pour les tissus ni pour les peintures.

GÉRARD

C'est bon, arrêtez. Après tout, si un jour je me ravise, j'arriverai bien à me débrouiller.

MOURLON

Pour la manœuvre, vous vous rappelez ce que je vous ai dit?

Il descend de son siège.

GÉRARD

Oui, oui, soyez tranquille. Je saurai m'en tirer seul.

MOURLON

Remarquez que c'est pas de la mécanique compli-quée. Ce qu'on demande à ces engins-là, c'est d'être robustes et question solidité, le vôtre craint personne, surtout pour ce que vous allez en faire. *(Il rit discrètement et redevient grave.)* Pensez que c'est un Minotaure, la meilleure marque qui existe. Ça, un tracteur Minotaure, vous pouvez acheter les yeux fermés.

GÉRARD

Il est certain que c'est une belle machine. Ce matin, quand je l'ai vue dans votre remise, elle m'a tout de suite fait très envie.

MOURLON

Si on m'avait dit qu'un jour je livrerais mon tracteur à un troisième étage de la rue Saint-Dominique !

GÉRARD

La chose vous paraîtrait plus surprenante encore si vous connaissiez ma femme. Entre parenthèses, je me demande ce qu'elle va dire de mon acquisition et j'avoue n'être pas sans appréhension. Elle a horreur de la campagne et quand nous quittons Paris, c'est toujours pour aller à Cannes ou à Deauville.

MOURLON

Des goûts et des couleurs, n'est-ce pas ? Tenez, moi, j'ai quitté mon village à dix-huit ans. C'est vous dire que Paris, j'ai eu le temps de m'y habituer. Eh bien, quand même, monsieur Forestier, la campagne me manque.

GÉRARD

Et à moi, donc! Elle me manque tellement qu'elle finit par m'obséder. Ah! Ce matin, monsieur Mourlon, si vous saviez! Quand j'ai découvert votre engin, quand j'ai grimpé sur le siège, j'ai cru tout à coup retrouver mon village. J'ai eu envie de parler comme on parle là-bas.

Il grimpe sur le siège du tracteur.

MOURLON

On est bien assis, hein?

GÉRARD, *il parle d'une voix forte et avec un accent campagnard*
Cré vingt dieux, me voilà que j'arrive du champ de la Grive, que j'ai pourtant fini de retourner mes deux hectares de terre. Salut, Philibert! D'où c'est-il que tu t'en deviens, habillé comme un notaire qui s'en irait manger la soupe chez la marquise de Jarnigoudin? *(Un silence. Il reprend de sa voix habituelle :)* Répondez-moi.

MOURLON

Que je vous réponde… Bon, bon. J'ai compris. *(D'une voix suraiguë :)* Tel que vous me voyez, monsieur Forestier…

GÉRARD, *de sa voix naturelle*
Mais non, pas de monsieur. Appelez-moi… je ne sais pas… Clovis ou Aurélien…

MOURLON
Compris. *(Voix aiguë :)* Tel que vous me voyez, Aurélien…

GÉRARD, *de sa voix habituelle*
Voyons, ne me dites pas vous. Pensez que nous sommes du même village, que peut-être nous avons été à l'école ensemble. Donc, vous me tutoyez.

MOURLON
D'accord. *(Voix aiguë :)* Imagine-toi voir que j'arrive de chez l'Aristide Pointureau que c'était aujourd'hui le baptême de son dernier.

GÉRARD
Pointureau? Attends donc. Ce serait pas celui qui a marié une des filles à Mengebon?

MOURLON
Mengebon!

GÉRARD
Mais si, Mengebon qu'avait le café juste en face

l'église à Erbigny-les-Ambures à quinze kilomètres d'ici, en retirant sur Boibrillon.

Mourlon

Non! Le Pointureau que tu me parles, c'est l'Étienne Pointureau. Moi, c'est l'Aristide et sûrement que je te l'aurai remis en tête quand je t'aurai dit qu'il a marié la troisième des filles à Guillaume Machuré.

Gérard

Qu'est-ce que tu viens me baver dans le nez avec les filles à Machuré? Ton Guillaume Machuré, il a jamais eu de fille. T'entends ce que je te dis? Jamais eu de fille!

Mourlon

Pas de fille, le Guillaume Machuré? Dis voir, Aurélien, c'est-il pas que tu serais tombé fou! *(Se reprenant :)* Excusez, monsieur Forestier, ce n'est pas ce que je voulais dire.

Gérard

Mais très bien! Allez! Allez!

Mourlon

On s'amuse à enfiler des mots et on se trouve amené à dire des choses…

GÉRARD, *impatienté*

Je vous en prie. À quoi bon des commentaires ?
(Changeant de voix :) Puisqu'on est sur le Guillaume
Machuré, je te vas dire une chose, c'est que c't'espèce de fumier-là, il est mort qu'il me devait trois
cent quarante-deux francs. T'entends bien, trois cent
quarante-deux francs. Après ça, tu viendras encore
me dire qu'il a eu des filles !

MOURLON

Sûrement qu'avec un tracteur pareil, c'est toi qu'as
raison.

GÉRARD

Rappelle-toi que mon tracteur, il doit rien à personne.

MOURLON

À ton idée, si j'ai compris, la Léontine Machuré, ça
serait un garçon ?

*Entre Marguerite, la jeune servante de la maison, portant un plu-
meau et un chiffon.*

Tiens, la voilà justement, la Léontine. *(À Marguerite :)*
T'arrives à temps, Léontine, vu qu'à cause de toi, je
m'apprêtais à faire du vilain.

MARGUERITE

À cause de moi ?

MOURLON

Même qu'il allait descendre de son siège plus vite qu'il y avait monté, çui-là, aussi vrai que je m'appelle Philibert.

GÉRARD

Si jamais je descends, pour sûr que tu vas le sentir passer sur ton sale museau d'encorné !

MARGUERITE, *surprise*

Oh ! Monsieur...

MOURLON

La sacrée pourriture de charogne qu'il voudrait me faire croire que sous tes habits de femme, t'es quasiment faite comme un homme.

MARGUERITE

Monsieur a vraiment dit ça ?

MOURLON

Même qu'il gueulait deux fois pire qu'un âne !

GÉRARD

Cré vingt dieux de vingt dieux, si je me retenais pas,

que je t'y ferais cracher ses boyaux de putois à c'te foutue carne de Philibert!

MARGUERITE

Monsieur parle drôlement. Monsieur n'est pas malade?

MOURLON

Qu'est-ce qu'il venait pas me dire? Que ton père a jamais eu de fille?

GÉRARD

Et lui donc? Est-ce qu'il voulait pas que tu sois la fille à Guillaume Machuré? Dis-y, à ce gros cervelas, comment que tu t'appelles de ton vrai nom.

MARGUERITE

Monsieur m'inquiète de plus en plus. Je suis sûre que monsieur a de la fièvre.

GÉRARD, *de sa vraie voix*

Écoutez, Marguerite, ne m'embêtez plus avec vos «monsieur». Pour l'instant, je rentre des champs sur mon tracteur et je m'appelle Aurélien. Alors appelez-moi Aurélien et soyez dans le coup.

MARGUERITE

Ah! Parce que Monsieur et Monsieur…

GÉRARD

Oui! Oui!

MARGUERITE

Oh! Monsieur voudra bien m'excuser, je n'y étais pas du tout, mais maintenant j'y suis.

GÉRARD, *changeant de voix*

Dis-y le nom de ton père à c't' espèce de nez de bœuf.

MARGUERITE, *voix criarde*

Aurélien, le coup que tu viens de me faire, je te le pardonnerai jamais de ma vie et au Philibert non plus. Deux malappris que vous êtes, tous les deux. S'en venir demander le nom de son père à une fille qu'on sait que justement elle a pas eu de père! Dis donc, Aurélien, est-ce que je suis jamais venue te mettre au nez que ton grand-père était poitrinaire?

GÉRARD

Pas vrai. Mon grand-père était pas poitrinaire! Y a jamais eu personne de malade chez nous.

MARGUERITE

Combien de fois que j'ai entendu mon oncle dire en causant de ton père : « Ce pauvre Narcisse, il est comme tous ceux de chez lui, sûrement qu'il va pas faire des vieux os.»

GÉRARD

Ah! La saloperie de femelle de bâtarde de fille mère!

MARGUERITE

Aurélien, comment que tu peux me causer comme ça?

Entre Irène, femme de Gérard. Elle voit la scène sans être vue des autres qui lui masquent la vue du tracteur.

C'est-il que tu te rappellerais pas les fois que t'essayais de m'embrasser au fond de l'écurie en fourrageant dans mon corsage?

GÉRARD

Tiens donc, si je me le rappelle? Cré vingt dieux!

Il donne une claque sur les fesses de Marguerite.

MARGUERITE

Mais si je te disais…

IRÈNE

Comment, Marguerite, vous tutoyez monsieur, à présent?

MARGUERITE, *elle sursaute et pousse un cri*

Ah! *(Confuse :)* Madame était là? Je demande pardon à Madame, mais Madame a vu, c'était un jeu.

IRÈNE, *à Gérard*
Un jeu. Vraiment.

GÉRARD
Eh bien oui, un jeu. Du reste, tu vas comprendre.

Il s'efface et découvre le tracteur.

IRÈNE, *poussant un cri*
Ah! Mais qu'est-ce que c'est que cette abomination? *(À Gérard :)* Et qui a profité de mon absence pour installer au milieu de mon salon une pareille horreur?

GÉRARD
C'est moi qui ai acheté à M. Mourlon cette admirable machine et c'est lui qui, sur ma demande, l'a montée jusqu'à l'appartement. Et tu sais, c'est un Minotaure.

IRÈNE
Gérard, où est ma table Directoire?

GÉRARD
Elle me gênait, je l'ai mise dans le débarras.

IRÈNE
Ma table Directoire!

MOURLON

Allons, puisque vous voilà en famille, je vous donne le bonsoir. Et toujours à votre service. Pour votre chambre à coucher, des fois que je trouverais une lieuse-moissonneuse d'occasion...

GÉRARD

Ce sera pas de refus.

Claque dans le dos.

Sacré Philibert, va! *(Il rit.)*

MOURLON, *claque dans le dos*

Sacré Aurélien! *(Il rit.)*

MARGUERITE, *à Irène*

Monsieur est marrant, pas vrai?

IRÈNE, *à Marguerite, d'un ton menaçant*

Vous!

MOURLON

Allons, je me sauve. Salut à tous.

GÉRARD

Vingt dieux de vingt dieux, y a quand même des bons moments dans c'te putain de vie! *(Il rit.)*

MOURLON

À nous revoir, hein?

Il sort.

IRÈNE, *à Gérard qui rit encore*

Tu as des jeux vraiment distingués. Pour ne rien dire de tes compagnons de jeu. Vous, Marguerite, je vous donne vos huit jours.

GÉRARD

Voyons, Irène, ne sois pas injuste. C'est parce que je le lui ai demandé avec insistance que Marguerite a accepté de tenir un rôle dans cette espèce de comédie que Mourlon et moi étions en train d'improviser et dont je suis seul responsable.

IRÈNE

Soit. *(À Marguerite :)* Je n'ai rien dit.

MARGUERITE

Je remercie Madame.

Elle sort.

IRÈNE, *à Gérard*

Puisque tu es le responsable, à toi de réparer.

Gérard

J'y suis prêt.

Irène

Je ne te demande qu'une chose. Faire enlever immédiatement cette infamie.

Gérard

Pourquoi? Tu trouves que mon tracteur n'est pas à
sa place dans cette pièce? Pense que c'est un Minotaure, la meilleure marque qui soit au monde.

Irène

Gérard, je t'en prie. Fais-moi disparaître cette horreur.

Gérard

Irène, je te parle sérieusement. Pour l'achat de mon
Minotaure, j'ai dû débourser une grosse somme. Tu
imagines bien que ce n'était pas pour m'en débarrasser aussitôt. En outre, j'ai eu beaucoup de mal
à le faire installer chez nous. Il a fallu lui faire
grimper l'escalier en pièces détachées que le mécanicien a remontées là, au milieu du salon. Oh! sois
sans crainte, il avait apporté des toiles. Il n'y a pas
la moindre tache par terre. Naturellement, l'eau
et l'huile avaient été vidangées, les roues lavées,
essuyées, frottées. Ah! on peut dire que Mourlon a

pensé à tout. Quel homme épatant! J'ai passé avec lui une journée extraordinaire.

Irène

Ah! Parce que tu n'es pas allé travailler? En somme, chaque fois que je m'absente pour la journée, chaque fois que je vais à Fontainebleau voir maman, tu en profites pour faire l'école buissonnière. Et quand je veux sortir avec toi, tu n'es jamais libre.

Gérard

C'est vrai. Je suis désolé d'avoir à en convenir, mais c'est vrai.

Irène

On ne sait jamais si tu es sincère ou si tu es seulement cynique.

Gérard

Je ne suis jamais cynique, tu le sais bien. Je suis même le contraire d'un cynique.

Irène

Eh bien, puisque tu es sincère, parle. Explique-moi au moins pourquoi tu m'as flanqué cette horreur dans le salon.

Gérard

Pourquoi? Parce que j'avais besoin de campagne.

IRÈNE

Est-ce que tu es fou?

GÉRARD

Irène, depuis que j'ai fait la rencontre de ce tracteur, ma vie a changé et je suis moi-même transformé. Je sens qu'il me pousse des feuilles sur le corps. Je sais, tu vas me dire que c'est une illusion. Je n'en suis pas sûr. *(Plongeant sa main dans sa chemise, il ramène une feuille.)* Tiens! Regarde. Une feuille de fraisier. Regarde! Tu ne marches pas. Bon, mettons que j'exagère. En tout cas, cet engin-là m'aura procuré des joies que je n'espérais plus. Non seulement la nature m'arrive de l'intérieur par trains d'ondes, par bouffées de chaleur et de fraîcheur, mais elle m'arrive aussi du dehors, elle m'enveloppe, elle m'imprègne, elle me recharge et si je monte sur ma machine, je respire l'odeur des labours, du foin coupé, des bêtes, du purin…

Pardon, je t'ennuie. Je te parle dans une langue étrangère. Tu te fiches bien des labours, de la nature et des feuilles de fraisier. Ce n'est pas assez dire que tu t'en fiches. Tu as la haine de tout ce qui parle des champs, des prés, des bois, et des Minotaure, naturellement.

IRÈNE

C'est vrai. À quoi bon rappeler aujourd'hui ce que je t'ai toujours dit avant même que nous ne soyons fiancés? Outre qu'en toute saison la campagne me donne le rhume des foins, elle est pour moi dépourvue d'attrait. Je ne suis pas de ces citadins qui s'éveillent à la poésie devant un carré de salade. Ah! le sentiment de la nature! Amusant, non? La nature! Pour ma part la vue d'un arbre me traumatise de telle sorte…

GÉRARD

Assez! Comment oses-tu tourner en dérision ce que tu sais m'être si cher? Tu devrais pourtant te souvenir de mon sacrifice. À cause de toi, je me suis orienté vers la carrière diplomatique et enlisé au Quai d'Orsay dans un faux métier, au lieu de suivre ma vocation et de me lancer dans la napoculture. Ah! Tu n'aimais pas la campagne. Tu ne supportais pas la campagne. Et mon tracteur, que tu ne supportes pas non plus, tu vas peut-être me dire qu'il te donne le rhume des foins?

IRÈNE

Je ne supporte pas ce qui est laid, voilà tout. Aussi, pourquoi vouloir m'imposer la vue de cet objet immonde, à moi qui n'ai pas d'autres vrais soucis que ce qui est beau?

GÉRARD

Irène, s'il te plaît, ne sois pas plus longtemps ridicule, tais-toi.

IRÈNE

Ainsi, c'est être ridicule que d'aimer ce qui est beau?

GÉRARD

On est toujours ridicule quand on se mêle de discourir sur ce qui vous est étranger.

IRÈNE

Apparemment que tu me prends pour une idiote. Je me demande pourquoi tu as attendu tant d'années pour me le dire.

GÉRARD

J'ai plus d'une fois essayé de te le faire entendre doucement, mais tu avais l'écorce plutôt épaisse et moi j'ai toujours manqué de la méchanceté utile à un bon mari. C'est que j'ai trop longtemps joué le rôle que tu m'avais assigné le jour de notre mariage. Comment et par quel miracle ai-je pu rester confiné dans la peau de ce petit personnage étriqué, souriant, biendisant, donnant la réplique à ma femme et faisant écho à ses cris de gazelle et à ses rugissements léonins saluant l'actualité artistique de haute qualité?

IRÈNE

Comment!? Tu n'étais pas sincère quand tu te mêlais à nos discussions? Mes compliments. À toi la palme de l'hypocrisie et de l'affectation.

GÉRARD

Ce n'était pas de l'affectation, mais de la complaisance, de la lâcheté, parfois aussi de l'aveuglement. Mais ce temps-là est fini, bien fini.

Il saute sur le siège du tracteur et parle de sa voix de paysan.

Sacré vingt dieux de femelle, je te vas montrer comment que l'Aurélien il sait se faire respecter par les toupies en caraco! Hé! Philibert! Honoré!

IRÈNE

Gérard, descends de cette machine. Je te le demande pour toi comme pour moi. Tu n'imagines sûrement pas à quel point tu y fais pauvre figure. Crois-moi, juché sur ce siège, tu as l'air beaucoup plus paysan que tu ne penses.

GÉRARD

Mais c'est justement ce que je veux! Rien ne peut me faire plus de plaisir et tu t'es trompée si tu as cru me vexer.

IRÈNE

Pense que les Carjoux ont promis de faire un saut ici en fin de journée. Ils peuvent être là d'une minute à l'autre.

GÉRARD

Eh bien, je les recevrai sur mon tracteur et du haut de mon siège, je leur laisserai tomber sur la tête quelques dures vérités.

IRÈNE

Je comprends maintenant où tu veux en venir. Tu t'es juré de me pousser à bout. L'achat coûteux de ce monstre, de cet abcès dont tu prétends m'infliger la vue est sans doute le couronnement de la longue persécution que je subis depuis tant d'années.

GÉRARD

Irène, est-ce que tu penses vraiment ce que tu viens de dire? Je te prie de me répondre.

IRÈNE

Jusqu'à présent ta cruauté mentale se manifestait de façon insidieuse et d'abord en paroles. Dans ma simplicité, j'avais cru pouvoir te faire l'aveu de mon aversion pour la campagne. Est-ce ma faute si je n'aime pas la campagne? Toi, pour me contredire, tu déclarais une fois pour toutes que tu l'aimais. Et par des mines, par des soupirs, par de feintes migraines tu ne ratais pas une occasion de me faire sentir qu'elle te manquait, que tu en souffrais. J'ai enduré toutes les tortures...

GÉRARD

Irène, prends garde que la colère ne t'emporte trop loin.

IRÈNE

Enfin, tu as compris que rien ne pouvait m'atteindre plus sûrement qu'une offense au bon goût et tu m'as flanqué cette hideuse ferraille dans mon salon à la place d'un bijou de table Directoire qui est peut-être une pièce unique.

GÉRARD

Comment peut-on préférer une table Directoire à un tracteur de marque Minotaure?

IRÈNE

Gérard, débarrasse le salon de cette obscénité ou je deviens folle.

GÉRARD

Je sors. J'ai besoin de m'aérer et de prendre du champ pour méditer sur un entretien qui me paraît lourd de sens et peut-être de conséquences.

IRÈNE

Voyons, tu ne vas pas sortir maintenant. Je t'ai dit que les Carjoux passaient nous voir.

GÉRARD

Je me fiche des Carjoux au moins autant que du style Directoire. *(Souriant au tracteur :)* Mon Minotaure.

Il sort.

IRÈNE

Gérard !... *(Demeurée seule :)* J'aurai pourtant le dernier mot. Allô !... Allô !... Le garage Vauban ? Monsieur Moudru ?... Ici, Mme Forestier... Pouvez-vous venir immédiatement ?... Écoutez. En mon absence, quelqu'un m'a fait la mauvaise plaisanterie de monter chez moi un tracteur... Oui, oui, tracteur... Dans le salon et justement j'attends du monde... Vous seriez un ange... Merci, monsieur Moudru. À tout de suite. *(Allant à la porte qu'elle entrouvre :)* Marguerite ? Marguerite !

VOIX DE MARGUERITE, *en coulisse*

Oui, Madame !

Irène s'approche du tracteur qu'elle examine.
Entre Marguerite.

MARGUERITE

Madame m'a appelée ?

IRÈNE

Vous étiez là quand le mécanicien a amené le tracteur. Combien de temps lui a-t-il fallu pour le mettre en place ?

MARGUERITE

Attendez… D'abord, ils étaient deux. Je me rappelle, quand ils sont arrivés devant l'immeuble, Monsieur a crié : « Les voilà ! » Je venais de finir de ranger ma cuisine. Il était, oui, je me rappelle maintenant, il était trois heures moins le quart.

IRÈNE

Vous auriez dû vous entendre avec la concierge, interdire l'entrée de l'immeuble.

MARGUERITE

Madame sait bien qu'ici ce n'est pas moi qui commande. Naturellement qu'à midi, quand Monsieur est rentré et qu'il m'a dit qu'on allait livrer un tracteur, j'ai sauté, mais quoi…

Coup de sonnette.

IRÈNE

Ce sont eux. Vite, faites entrer.

Marguerite sort.

IRÈNE *vient au tracteur, puis, impatiente, va vers la porte.*
Elle entrouvre la porte et murmure en jetant un coup d'œil sur le
tracteur :
Mon Dieu, ce sont les Carjoux.

Elle tire la porte sans l'ouvrir complètement.

Ah ! c'est vous...

Entre Rirette qui saute au cou d'Irène. C'est une vieille dame à
cheveux blancs, très évaporée.

RIRETTE, *déjà trépidante*
Mon petit ange, je vous ai fait peur. Michou ! Michou !
Tu vois, ils ne nous attendaient pas.

VOIX DE MICHOU, *encore en coulisse*
Maman, voyons, ma petite maman, pourquoi dire
une chose pareille ?

RIRETTE
Mon chéri, je t'assure qu'Irène ne nous attendait pas !

IRÈNE
Mais si ! Quelle idée !

Michou entre. C'est un homme de quarante ans, maniéré, mais
enthousiaste et remuant.

MICHOU

Tu ne te souviens pas… *(Il baise la main d'Irène.)*

IRÈNE

Soyez-en certains, vous êtes les très bienvenus.

MICHOU, *à Rirette*

Mais comment peux-tu avoir oublié ? Irène t'a téléphoné hier soir. Tu t'es même excusée auprès de la comtesse.

RIRETTE

Ah ! C'est vrai ! La chose me revient tout à coup. *(À Irène :)* Mon petit ange, ma petite louve chérie, où avais-je la tête ?

IRÈNE

Mais Rirette, c'est sans importance.

MICHOU

Maman est terrible. Elle me fait de ces frayeurs ! Elle me tue ! Elle me tue.

IRÈNE

Venez vous asseoir. Figurez-vous qu'il nous est arrivé…

RIRETTE, *découvrant le tracteur, elle pousse un cri*

Oh ! Michou ! Michou !

IRÈNE

Je vais vous expliquer.

MICHOU

Formidable! Vous m'entendez? For-mi-dable. Ça,
c'est une trouvaille sensationnelle. Mais regarde,
maman, regarde!

RIRETTE

Je n'ai pas assez d'yeux et je suis sans voix. C'est
d'une effrayante beauté. Mon Dieu, que c'est beau,
que c'est beau, que c'est beau, que c'est beau!

IRÈNE, *timide*

Vraiment, vous trouvez que…

RIRETTE

Comment, si je trouve! Écoutez, c'est bien simple.
Je suis sûre de n'avoir jamais rien vu qui aille aussi
loin. Michou?

MICHOU

Le fait est que ça va très loin. Très très loin. Je suis
ému, trop ému pour exprimer maintenant ce que je
ressens. C'est si riche, si complexe. Ça vous entre
dans l'œil, ça vous entre dans l'âme et c'est tout un
monde qui s'éveille en vous. Il y a là une perfection
dans la réussite et, disons le mot, quoi, allons-y, une

grandeur, une grande grandeur devant laquelle on se sent très humble.

RIRETTE

Exactement ce que j'aurais voulu dire et que je ne trouvais pas. *(À Irène :)* Quel poète !

MICHOU

Maman, maman.

IRÈNE

Mais oui, cher Michou, un très grand poète.

RIRETTE

Mon Michou trésor, hon ! hon ! que je t'embrasse.

Elle l'embrasse.

MICHOU, *riant*

Rirette chou ! je t'adore.

RIRETTE

Ah ! la grandeur de ça ! Plus j'écarquille les yeux, plus je m'amenuise. Bientôt je n'existerai plus, écrasée par tant de beauté, par tant de grandeur, par tant de génie, aussi.

MICHOU

Mais oui, mais parfaitement. Mais bien sûr. Par tant de génie aussi !

IRÈNE

Je vous en prie, n'exagérons pas.

MICHOU

Ah ! non, Irène, non et non. Au diable la modestie ! Voulez-vous que je vous dise, mon petit chou ? Votre trouvaille aura fait le tour de Paris avant qu'il se soit écoulé seulement trois jours et vous allez être les rois de la saison !

IRÈNE

Vous plaisantez, Michou. Les rois de la saison ! Ce serait vraiment trop facile.

MICHOU

Rirette, tu l'entends ? C'est merveilleux. On fait voler en éclats les notions séculaires de l'ameublement et de la décoration et, pour conclure, on déclare que c'est vraiment trop facile. Elle vous dit ça avec un naturel !

RIRETTE

Elle est inouïe ! inouïe !

Irène

J'essaie de ne pas me monter la tête et de rester objective, voilà tout. Je sais trop bien ce que des esprits prétendument positifs...

Rirette

Laissez-les dire, mon petit ange, et n'y pensez pas. Regardez plutôt votre chef-d'œuvre. Je trouve que vous ne le regardez pas assez.

Irène

Je reconnais que là, planté au milieu du salon, il a une certaine allure.

Rirette

C'est trop joli! Une certaine allure! Michou, chou, une certaine allure! Exquis, non? Une certaine allure.

Michou

Une certaine allure!

Rirette

Une certaine allure...

Michou

U-ne cer-taine allure!

RIRETTE

Une certaine allure. Ainsi vous trouvez qu'il a une certaine...

IRÈNE

Cette fois, vous vous moquez de moi, Rirette.

RIRETTE

Ma chérie, ma mésange unique, comment pouvez-vous dire une chose pareille? Hon! Hon!

Elle embrasse Irène, tandis que Michou lui baise la main.

MICHOU

Nous sommes transis d'admiration. Une certaine allure... Irène, vous êtes un chou.

RIRETTE, *poussant un cri*

Ah!

MICHOU

Maman! Ma petite maman!

RIRETTE, *montrant le tracteur*

Tout à coup, je viens de ressentir étrangement sa présence. Non mais, regardez-le. Michou, regarde-le. On a envie de l'adorer, de se mettre à genoux devant.

MICHOU

Ce qui me bouleverse, c'est l'en-soi de cette chose-là.

IRÈNE

C'est vrai. L'en-soi.

RIRETTE

On sent très bien qu'on pourrait se mettre à délirer, qu'on est au bord d'un à-pic, d'un abîme de poésie. En fermant à demi les yeux, je le vois dans une espèce de brume, comme s'il flottait dans une aura de poésie.

MICHOU

Maman chérie, je suis désolé de n'être pas d'accord avec toi, mais parler de poésie ne me paraît pas assez fort. À mon sentiment, nous sommes dans l'au-delà de la poésie, et c'est bien le miracle de cette formidable présence que tous les univers en leur globalité s'y trouvent bloqués dans la même taurinité de l'en-soi. Tu me comprends, Rirette chou ?

RIRETTE

Bien sûr, mon Michou. Tu as le don des éclairages. Avec toi, tout est limpide. L'au-delà de la poésie, c'est tout à fait ça.

IRÈNE

Mais oui. L'au-delà de la poésie. Tout s'éclaire.

MICHOU

Irène, une question.

IRÈNE

Je vous en prie.

MICHOU

Cette chose fantastique, vous arrive-t-il de la nommer ?

IRÈNE

J'y répugne fortement, mais enfin je ne me dissimule pas que c'est un tracteur.

MICHOU

Êtes-vous sûre que ce soit un tracteur ?

Silence.

Rirette ?

RIRETTE

Mon petit chou en sucre de canne, je te réponds très simplement : je ne sais pas.

MICHOU

Épatant ! Je-ne-sais-pas. Bravo pour ma petite maman chérie. Je ne sais pas. Vous comprenez, maintenant ?

IRÈNE

Je vous avoue...

RIRETTE

Mon petit poucet mignon, nous sommes sur la voie et nous t'écoutons.

MICHOU

Quand vous voyez un tracteur au milieu d'un champ ou dans la cour d'une ferme, vous n'éprouvez rien de singulier. Ce n'est pour vous qu'un tracteur, un outil dont vous saisissez immédiatement la destination. Vous direz alors qu'il est fonctionnel. N'est-ce pas?

RIRETTE

Fonctionnel, Michou trésor. Comme c'est bien ça. Fonctionnel!

IRÈNE

En effet. Fonctionnel.

MICHOU

Mais ce même tracteur, s'il est dans un salon, cesse évidemment d'être fonctionnel. Rien de ce qui l'entoure ne vient suggérer sa fonctionnalité et c'est alors que, frappé d'inertie sociale, il acquiert la dignité de l'objet qui prend possession de lui-même.

Il devient fantastiquement soi et rien que soi. Il est l'objet pur, l'objet absolu. Il est l'objet.

Les deux femmes regardent fascinées, le tracteur.

RIRETTE
L'objet.

IRÈNE
L'objet.

RIRETTE
Il prend maintenant pour moi tout son sens.

IRÈNE
Ce n'est pas à moi de le dire, mais tout de même, quelle beauté !

MICHOU
Ce qui est amusant et tout de même émouvant, c'est qu'autour de lui, rien n'existe plus. Voyez par exemple votre petit Utrillo. Non mais, regardez-le, quelle pauvre figure il fait, hein ? Est-il assez lamentable, assez ridicule ? *(Il est pris d'un fou rire.)*

RIRETTE, *également prise de fou rire*
On dirait... un vieux... un vieux tor... un vieux torchon ! *(Rire.)*

IRÈNE, *souriant*

Le fait est qu'il a triste mine.

MICHOU

Irène, je vous demande pardon, c'est stupide. Mais…
j'y pense… Où est Gérard?

RIRETTE

Mais c'est vrai, nous n'avons pas vu Gérard. Oh!
Michou, Michou chéri, nous n'avons même pas vu
que Gérard n'était pas là. Comment est-ce possible?

MICHOU

Mais mon chou, dis-toi bien que nous avons reçu un
choc. *(À Irène :)* Au fait, que pense-t-il de l'objet, qu'en
dit-il?

IRÈNE

Je dois dire que Gérard aurait tendance à considé-
rer le côté fonctionnel de l'objet. Pour lui, il n'y a là
qu'un tracteur, rien de plus, rien de moins.

RIRETTE

Mais c'est affreux! Ma pauvre chérie, comme vous
devez souffrir!

IRÈNE, *l'air doux et triste*

Que voulez-vous…

MICHOU

J'aurais dû m'y attendre. Chez lui, la dominante sera toujours l'esprit de géométrie, alors que chez moi... Mais je vais lui parler, je lui dirai...

IRÈNE

Non, Michou, s'il vous plaît, n'en faites rien. Ce serait raviver inutilement notre querelle.

MICHOU

Vous avez raison, ma chérie. Après tout, l'important est qu'il ne vous empêche pas de le garder dans votre salon. Ma petite maman, tu sais qu'il est l'heure de partir.

RIRETTE

Mais non, chéri.

MICHOU

Mais maman! *(À Irène :)* Elle est impossible!

RIRETTE, *à Irène*

En somme, mon petit ange, c'est vous qui avez eu l'idée de l'objet?

IRÈNE

Mon Dieu...

RIRETTE, *à Michou*

Tu l'as vue rougir comme une petite fille ? Hon ! Adorable, adorable, adorable ! Mais comment l'idée vous est-elle venue ?

IRÈNE

Je ne sais pas... Elle est venue comme viennent les idées... On ne sait pas trop comment.

RIRETTE

Elle est inouïe.

MICHOU

Elle est fantastique.

RIRETTE

Elle est merveilleuse.

MICHOU

Maman, cette fois, il est vraiment l'heure. C'est à huit heures et demie...

RIRETTE

Pas du tout, le rendez-vous est à neuf heures.

MICHOU

Huit heures et demie, maman. Il faut partir.

Rirette
Tu m'embêtes, mon chéri.

Michou, *d'une petite voix mouillée*
Maman…

(Il renifle et se tamponne les yeux avec son mouchoir.)

Rirette, *le serrant dans ses bras*
Michou ! Mon tout-petit, mon poussin jaune, mon cormoran joli, j'ai été méchante, je m'en veux. Chéri, regarde… là. *(Elle montre le tracteur.)*

Michou, *d'une petite voix entrecoupée par les derniers sanglots*
Fan… fantastique.

Rirette
Un sourire, mon poussin. Vite un sourire. Là, nous partons.

Irène
Gérard va être désolé de vous avoir manqués.

Rirette
Nous reviendrons. Adieu, ma petite louve.

Embrassades.

MICHOU, *baisant la main d'Irène*
À bientôt.

RIRETTE
Ne nous reconduisez pas, mon ange. Si vous voulez nous faire un grand, un très grand plaisir, restez là, auprès de l'objet, pour que nous emportions cette vision. *(À Michou :)* Elle a l'air d'une divinité maya.

MICHOU, *d'une petite voix*
Maya.

RIRETTE
Elle est à se mettre à genoux.

Dans l'entrebâillement de la porte, Rirette et Michou envoient des baisers à Irène qui se tient debout près du tracteur.

MICHOU, *d'une petite voix*
Vous êtes un chou. Un vrai chou.

Dernier baiser. Rirette et Michou sortent.
Demeurée seule, Irène fait le tour du tracteur qu'elle considère avec admiration.

IRÈNE
L'objet sobre. L'objet pur. L'en-soi de l'objet pur. La fonctionnalité. L'inertie sociale de l'en-soi. Ah ! J'en ai mal à la tête.

Entre Marguerite.

MARGUERITE

Madame, est-ce que monsieur dîne en ville ou si je dois mettre son couvert?

IRÈNE

Vous pouvez mettre son couvert. Dites-moi, le garagiste n'est pas venu?

MARGUERITE

Non, madame.

IRÈNE

Je lui téléphone... Ne partez pas. Allô! Allô, monsieur Moudru? Ici Mme Forestier... Oui... Justement, je voulais vous dire de ne pas bouger... L'affaire est arrangée... Bonsoir. *(À Marguerite :)* Comment trouvez-vous notre nouveau meuble, Marguerite?

MARGUERITE

Madame veut parler du...

IRÈNE

Justement. Observez-le bien. N'êtes-vous pas frappée de voir à quel point il rompt avec tout ce qui l'entoure? Il est si seul, si en-soi.

MARGUERITE

Je vois ce que Madame veut dire. Il est là comme un hérisson au milieu d'une couvée de poulets.

IRÈNE

Non, ce n'est pas vraiment ça. *(Montrant le tracteur :)* Je me demande si vous le comprenez bien.

MARGUERITE

Avant de venir à Paris, j'étais placée dans une grande ferme. C'est vous dire qu'un tracteur, ce n'est pas du nouveau pour moi.

IRÈNE

En somme, vous le voyez fonctionnel. Eh bien, je vais sûrement vous surprendre, mais ce tracteur n'est pas un tracteur.

MARGUERITE

Ah! Qu'est-ce que c'est donc?

IRÈNE

C'est... attendez... c'est quelque chose... Non, c'est une chose... Une chose qui est formidablement soi.

MARGUERITE

Madame a beau dire, c'est quand même un tracteur.

IRÈNE

En apparence, mais en réalité… On vient. Laissez-
moi.

Marguerite sort.
Irène arrange ses cheveux devant la glace.
Entre Gérard qui vient à elle.

Tu es mouillé ?

GÉRARD

Non, mais il pleut à verse. Irène, je te demande pardon. Je me suis conduit comme un sauvage.

IRÈNE

Tu t'es laissé aller à un mouvement d'humeur, simplement. La sagesse me paraît être de n'y plus penser.

GÉRARD

Je vois que tu n'as rien compris à ce qui s'est passé
tout à l'heure. Un mouvement d'humeur ! Mais c'est
de bien autre chose qu'il s'agit !

IRÈNE

Gérard, je n'ai aucune envie d'en parler ce soir. Ce
n'est pas mauvaise volonté de ma part, mais j'ai vraiment l'esprit ailleurs.

GÉRARD

Alors, je parlerai seul. Tant pis pour toi si tu n'écoutes pas. Durant la courte promenade que je viens de faire, j'ai réfléchi à notre association.

IRÈNE

Association !

GÉRARD

À notre union, et à la triste figure que j'y aurai faite pendant tant d'années. Il est sûr qu'au cours de notre vie commune j'ai souffert avec beaucoup de patience de ta sécheresse de cœur. Candide, généreux, je valais mieux que toi. Tu es bien d'accord ?

IRÈNE

Absolument pas. Comment peut-on à ce point se tromper sur soi-même ? Quand je t'ai épousé, tu étais déjà l'être lucide et peu bienveillant que tu n'as jamais cessé d'être.

GÉRARD

Lucide ? Mais je n'ai jamais été lucide. La preuve en est que je t'ai épousée. En revanche, tu l'étais pour deux. Tu savais ce que tu voulais, toi.

IRÈNE

Veux-tu insinuer que je t'ai épousé par calcul? S'il en était ainsi, j'aurais bien mal calculé parce qu'enfin…

GÉRARD

S'il te plaît, Irène, ne nous querellons pas. Je te l'ai déjà dit, c'est pour te présenter des excuses que j'ai entamé cette conversation.

IRÈNE

Oui, tu tiens à te faire pardonner d'avoir été grossier avec moi.

GÉRARD

Pas du tout. J'avais dit ce qu'il fallait dire. Non, ce qui mérite à mon sens toutes les sévérités, c'est d'avoir installé ce Minotaure au milieu du salon sans ton assentiment et sans même t'avoir consultée.

IRÈNE

Tout à l'heure, sous le coup de la surprise, j'ai eu une réaction excessive, mais ne va surtout pas croire que je me sois formalisée le moins du monde. Je te dirai même que je commence à m'habituer à la vue de ce tracteur.

GÉRARD

Toi? Allons donc!

IRÈNE

Je t'assure que bientôt...

GÉRARD

Rassure-toi. Je ne te demande pas de t'y habituer. Ce tracteur, j'ai décidé qu'il allait disparaître.

IRÈNE

Non, Gérard, non ! Je ne veux pas ! Ce tracteur est très bien ici !

GÉRARD

J'ai trop présent à l'esprit ce que tu m'en as dit tout à l'heure pour changer rien à ma décision. J'ai l'honnêteté de reconnaître mes torts envers toi et d'en tirer les conclusions que tu es en droit d'attendre.

IRÈNE

Mais je n'attends rien de ce que tu imagines. On dirait que tu t'ingénies à compliquer les choses les plus simples, mon pauvre Gérard. Ce tracteur, vois-tu, je me suis mise à l'aimer. Oh ! Je sais, c'est un revirement surprenant et à bien des égards, je le reconnais, mais mon cœur se serre à la pensée qu'il pourrait n'être plus là.

GÉRARD, *souriant*

Non, non, c'est trop. Bien sûr, je suis touché par tant

de bonne volonté, mais pour l'amour du Ciel, Irène, ne te force pas. Ce serait une de ces erreurs comme il m'est arrivé d'en commettre, hélas, trop souvent.

IRÈNE

Je te jure que je ne me force pas. Tiens, tu ne peux pas comprendre. À mes yeux, l'en-soi de cette machine est une chose inouïe, fantastique !

GÉRARD

L'en-soi de mon tracteur ? Quelles singulières façons de parler !

IRÈNE

Ce ne sont pas des façons de parler. C'est un sentiment vrai, un sentiment profond.

GÉRARD

Un sentiment profond pour mon Minotaure ?

IRÈNE

Que veux-tu, je m'y suis attachée, à ce petit Minotaure.

GÉRARD

Moi aussi. Je m'y suis même très sérieusement attaché. Il représente pour moi tant de choses perdues ou manquées !

IRÈNE

Il est fantastique! Et tu sais que ça va très loin?
Très très loin! Il est tellement chou! *(Elle caresse le capot.)* Je l'adore!

GÉRARD

Tu es déconcertante. Tu adores ce que tout à
l'heure… Enfin, soit. Après tout, si tu veux conti-
nuer à le voir, ce n'est pas moi qui t'en empêcherai.
Je viens de téléphoner à Mourlon pour que, tout à
l'heure, il emmène le Minotaure dans une de ses
remises où j'irai lui rendre visite aussi souvent que
je le pourrai.

IRÈNE

Sans parler de mes préférences dont tu sembles faire
peu de cas, il est tout de même plus commode pour
toi et plus agréable de l'avoir à la maison.

GÉRARD

Naturellement, mais j'ai compris qu'il fallait avant
tout éviter entre nous les sujets de friction.

IRÈNE

Mais puisque je te dis que je l'ai adopté, ce tracteur.
Puisque je te dis que je le vois maintenant avec
d'autres yeux.

GÉRARD

Justement. Cette inconstance d'humeur à l'égard de mon Minotaure me fait craindre qu'il y en ait d'autres.

IRÈNE

Gérard, c'est moi qui te le demande. Gardons notre Minotaure. Je te promets qu'il ne sera jamais entre nous un sujet de dispute. Je suis prête à le jurer sur la tête de maman. Je le jure. Sur sa tête.

GÉRARD

Sincèrement, je ne vois pas que ce soit possible, ou alors… *(Silence, il reste pensif.)*

IRÈNE

Alors quoi?

GÉRARD

Tu comprends, rien ne sert de le garder chez nous s'il ne trouve pas ici un climat de bienveillance et de compréhension.

IRÈNE

Quant au climat, tu peux compter sur moi.

GÉRARD

Précisément non. Ce qu'il lui faut, c'est un climat de campagne, de familiarité villageoise.

IRÈNE

C'est bien ainsi que je l'entends.

Elle va ouvrir la porte.

Marguerite!

GÉRARD

Je crains que le vrai problème t'échappe.

Entre Marguerite.

MARGUERITE

Madame?

IRÈNE

Désormais, vous tutoierez monsieur et vous l'appellerez Aurélien.

MARGUERITE

Bien, Madame. *(Un temps.)* Pour le dîner, au lieu de faire l'omelette aux fines herbes, j'ai envie de la faire aux girolles.

IRÈNE

Comme vous voudrez, Marguerite.

MARGUERITE

Aurélien, qu'est-ce que t'en dis?

GÉRARD

Sûr qu'aux girolles, je vas me régaler un sacré coup. À présent, dis-moi donc voir ce que tu pouvais ben fabriquer hier soir avec le Noël Brugnot que je vous ai vus, passé huit heures, au coin du fumier à la Céleste Racufin?

MARGUERITE

Si on te le demande…

Coup de sonnette.

Merde, on sonne…

IRÈNE

Marguerite, je ne veux plus entendre de ces mots-là. Vous veillerez désormais à la décence de votre langage.

MARGUERITE

Je demande pardon à Madame. En causant, ça m'a échappé.

Elle sort.

GÉRARD

C'est bien ce que je disais. Dès le départ, tu es dépassée par ce problème d'atmosphère. Notre rude langage de terriens t'écorchera toujours les oreilles.

IRÈNE

Je ne peux pourtant pas tolérer que cette fille dise devant moi ce qu'elle vient de dire.

GÉRARD

Non, tu ne peux pas le tolérer. C'est bien pourquoi il faut que mon Minotaure s'en aille.

IRÈNE

Et moi, je m'oppose à son départ. Il restera là.

GÉRARD

C'est ce que nous allons voir avec Mourlon. Très probablement, c'est lui qui vient de sonner.

Entre d'abord Rirette suivie de Michou.

RIRETTE

Ma petite louve chérie, c'est encore nous! Ah! si vous saviez!

IRÈNE

Quoi donc?

MICHOU

Il nous arrive une chose incroyable, absolument incroyable!

RIRETTE

En sortant de chez vous, je dis à Michou…

MICHOU

Non, ma petite maman, non, non et non. C'est moi…

RIRETTE

Non. C'est moi qui t'ai dit : «Ton parapluie…»

MICHOU

Non, j'ai dit : «Ton parapluie…»

RIRETTE

Bon. Très bien. Je me tais.

MICHOU

Voyons, maman…

RIRETTE

Tu me fais beaucoup de peine.

MICHOU

Maman, mon petit chou, maman…

RIRETTE, *rageuse*

Non ! Non ! Non !

GÉRARD

Cré vingt dieux de vingt dieux ! Vous allez-ti pas causer tranquillement, non pas que de vous japper dans le nez, pareil que deux roquets ?

IRÈNE

Non, Gérard, non. Pas de ce langage-là devant nos amis Carjoux.

RIRETTE

Gérard, mon grand trésor, vous voilà !

MICHOU

Mais oui, Gérard ! *(Il montre le Minotaure.)* Ah ! Gérard...

GÉRARD

Alors, comment le trouvez-vous, mon Minotaure ?

MICHOU

Votre Minotaure... *(Des deux mains, il lui serre le bras et le regarde au fond des yeux.)* Pourquoi dites-vous « Mon Minotaure » ?

GÉRARD

Mais parce que c'en est un. Regardez. C'est écrit dessus.

MICHOU, *s'approchant du tracteur*

C'est vrai. Minotaure. Comme c'est étrange. Au premier abord, déjà, j'avais été frappé par son aspect taurin. Pas, Rirette?

RIRETTE, *montrant le tracteur*

Il y a en lui une nature taurine.

MICHOU

Une nature minotaurine qui nous trouble et nous alanguit. Regardez-le... Il me semble l'avoir porté en moi.

RIRETTE

Non, Michou, non.

MICHOU, *lui imposant silence de la main*

Rejeton malheureux né d'un désir coupable
Assouvi à genoux dans l'ombre de l'étable
Où fulgura l'éclair de la flèche écarlate
Promise aux flancs royaux que l'attente dilate...

RIRETTE

Mon chéri, arrête-toi. Tu t'énerves. Tu vas te faire du mal.

MICHOU

Voyons, maman, laisse-moi. Tiens, tu me fais perdre

le fil. *(Il se recueille.)* Vous Irène, vous ferez le chœur des taureaux.

IRÈNE

Meuh ! Que la reine est belle ! *(Piétinant :)* Meuh ! Meuh ! Meuh !

MICHOU

Et moi, Pasiphaé, de ton mufle charmant
Je baise la peau nue et rêve à mon amant
Qui mourut emporté par une fièvre aphteuse
Dans un long meuglement de détresse amoureuse.

IRÈNE

Meuh ! Pauvre cher taureau, il ne pouvait plus parler, mais son dernier regard disait Pasiphaé. Meuh !

MICHOU

Certes, d'autres taureaux ont ce je ne sais quoi
Qui charme, mais hélas, on n'aime qu'une fois.

RIRETTE

Michou trésor, mais c'est adorable ! *(Aux autres :)* N'est-ce pas ? Il est étonnant. Il est fantastique.

IRÈNE

Il est m'merveilleux ! Absolument m'merveilleux ! *(À Gérard, pressante :)* N'est-ce pas ?

GÉRARD

Mais oui! Ma pauvre femme!

IRÈNE

Il est vraiment très épatant. Meuh! Meuh! Ah! tu
es bien notre Pasiphaé! Meuh!

MICHOU, *au tracteur*

Chéri, refais-moi meuh, c'est la voix de ton père,
Qui me vint tendrement surprendre par-derrière.

IRÈNE

Meuh!

MICHOU

Par Apollon, mon père, il aurait été doux
De te laisser aller la bride sur le cou
Mais nul ne doit savoir dans le peuple de Crète
Qu'en moi le sang des dieux et le sang de la bête
Se sont mêlés jamais.

RIRETTE

Comme elle est tragique, hein? Chère petite Pasiphaé, avec son taureau.

IRÈNE

C'est d'une grandeur... *(À Gérard :)* Tu ne trouves pas?

GÉRARD

J'espère qu'après avoir figuré le chœur des taureaux, tu auras pris goût à la campagne.

IRÈNE

Meuh! *(Au tracteur :)* Tu es de notre sang, mais celui d'Apollon risque de l'emporter. Meuh!

MICHOU

Le pire est que Minos
Depuis plus de cinq ans éloigné de Cnossos
Peut d'un moment à l'autre en ces lieux débarquer
Et du taureau défunt quelque dépit marquer.

IRÈNE

Meuh! Meuh! Pourquoi Pasiphaé ne divorcerait-elle pas pour épouser l'un d'entre nous?

GÉRARD

Tu es vraiment d'excellent conseil.

MICHOU, à Rirette, de sa voix naturelle

Maman, prépare-toi à faire Minos.

RIRETTE

Mais Michou, mon amour, comment veux-tu que moi, je puisse, comme tu dis…

MICHOU

Maman chérie, mon trésor, je t'en supplie.

RIRETTE

Puisque tu y tiens. Mais que dois-je faire pour…

Michou l'interrompt d'un geste.

MICHOU, *au tracteur*

Cher enfant, tu me vois en mortelles alarmes
Depuis que délaissant et le jambon de Parme
Et le miel de l'Hymette et la soupe à l'oseille
À mon esclave indien tu broutas une oreille.

RIRETTE

Coucou, c'est moi Minos…

MICHOU, *à mi-voix*

Pas maintenant. Je t'ai dit de te préparer, simplement…

RIRETTE

Ah! bon!

MICHOU, *reprenant*

À mon esclave indien tu broutas une oreille.
Moi, de ta gourmandise, au lieu de te châtier
Je t'ai donné l'esclave à manger tout entier.
Ô faiblesse fatale! Ô funeste trépas!

Irène

Meuh! Meuh!

Michou

Un esclave à présent te fait juste un repas, ce qui me revient cher.

Rirette

Je peux?

Michou

Non. *(Au tracteur :)*
Mais quel est ce tumulte?
Et, salut régalien, ces coups de catapulte?
Et ce grand remuement du bronze et de l'airain?
Et cette sonnerie «Tiens voilà du boudin»?
Et le nom de Minos...

Rirette

Coucou, c'est moi.

Michou

Maman, tu parleras quand je te le dirai. *(Reprenant :)*

Et le nom de Minos, à ce qu'il me paraît,
Porté par la clameur aux marches du palais?

(À Rirette et à mi-voix :)

À toi, maman. Tu es Minos, tu entres chez ta femme. Vas-y, vas-y.

RIRETTE

Coucou!

MICHOU

Moins familière, maman. Tu es tout de même roi de Crète et fils de Zeus.

RIRETTE

Salut, Pasiphaé. Quel n'est pas mon bonheur après cinq ans d'absence de te retrouver telle que je t'avais laissée. *(Palpant Michou :)* La cuisse un peu forcie, mais la taille aussi fine.

MICHOU, *riant nerveusement*

Tu me chatouilles, tu me chatouilles.

RIRETTE

Tu sais que tu n'as jamais été aussi ravissante. Tiens, je n'y résiste pas. Chérie, chérie, que je t'embrasse. Hon! Hon!

Baisers.

Mais que se passe-t-il? Pasiphaé, mon chou, je te sens contractée.

MICHOU

Si grande soit ma joie de te revoir en Crète
Je ne puis cependant montrer cet air de fête
Qui répondrait aux vœux qu'a pu former ton cœur.
Te souviens-tu, Minos, de la tendre ferveur
De mes embrassements, ce matin qu'en famille...
Mais quel vertige étrange... Ariane, ma fille...

Il prend Gérard par le cou.

Viens soutenir ta mère et saluer le roi.

GÉRARD

Papa, bonjour. Si tu savais...

IRÈNE

Meuh! Meuh! C'est une pécore qui déteste les taureaux.

RIRETTE

Ariane, mon chou, mais que tu as grandi! Je crois revoir sa mère quand elle avait quinze ans. Hein, Pasi? Chère petite Ariane, viens embrasser papa. Allons, viens. Qu'y a-t-il?

GÉRARD, *montrant le tracteur*

Tiens, regarde!

Rirette

L'abominable bête! Je n'en crois pas mes yeux!

Irène

Meuh! Meuh! Minos n'en est encore qu'à s'étonner,
mais quand il saura… Meuh!

Rirette

Pasi, tu ne dis rien et je vois la sueur qui perle à ton
front. Enfin, parle, Pasi. Quel est ce monstre?

Irène

Meuh! Meuh! Dieu des taureaux, secourez notre
reine. Meuh!

Michou

Un jour que de langueur j'allais m'affaiblissant
Je fis un tour de parc avecque les enfants.
C'est alors qu'un taureau d'une superbe mine
Me toise et me décoche une œillade câline.

Irène

Meuh! Il était de nous tous le plus séduisant. Meuh!

Michou

Moi, la chair embrasée de ces ardeurs solaires
Que le sang d'Apollon fait battre en mes artères…

RIRETTE
Écoute, chéri, tu ne vas pas raconter...

MICHOU
Mais si, voyons. Laisse-moi...

GÉRARD
La seule chose qui importe à présent est de savoir ce que nous allons faire du Minotaure.

RIRETTE
Mais bien sûr.

MICHOU, *entourant le tracteur de ses bras*
Vous n'allez pas me le tuer ?

RIRETTE
Il n'en est pas question.

GÉRARD
Simplement, papa et moi jugeons qu'il est décent de l'éloigner sans retard de notre palais.

IRÈNE
Et moi, je dis qu'on ne l'en éloignera pas.

RIRETTE
Justement, ces jours derniers, j'ai fait la connais-

sance à Athènes d'un jeune architecte nommé
Dédale...

IRÈNE
Minos, ne tombez pas dans le piège de Gérard. Il
veut avoir votre approbation pour me priver de l'objet.

RIRETTE
L'objet ? Quel objet ?

IRÈNE
Pasiphaé, l'objet !

MICHOU
L'objet ?

IRÈNE
Au moins, Pasiphaé, défendez votre fils.

MICHOU
Le plus sage des rois qui range sous son sceptre...

IRÈNE
Michou, abandonnez l'alexandrin. Ce n'est plus d'un
jeu qu'il s'agit. Gérard en veut à l'en-soi du tracteur.

MICHOU

Je ne demande qu'à défendre mon fils, mais si vous me supprimez l'alexandrin, vous cassez mon rythme, vous cassez tout. *(Soupir.)* Enfin !

RIRETTE

Il ne faut pas que cet animal...

MICHOU

Je refuse de m'en séparer.

IRÈNE

Moi aussi, je refuse.

RIRETTE

Mon palais ne peut plus abriter ce scandale. La cause est entendue.

IRÈNE

Mais Rirette, vous ne comprenez pas. Vous êtes en pleine confusion.

GÉRARD

N'en parlons plus, veux-tu ? Minos a décidé.

IRÈNE

Je ne te le pardonnerai jamais.

Entre Marguerite.

MARGUERITE
Aurélien, y a le Philibert qui veut te voir. Qu'est-ce que j'y réponds?

GÉRARD
Dis-y d'entrer, pardi.

IRÈNE, *à Rirette et à Michou qui semblent surpris*
Je vous expliquerai plus tard. C'est un autre jeu.

RIRETTE
Encore un jeu? Vous allez nous l'apprendre, ma chérie.

Entre Mourlon, vêtu comme précédemment, et portant une musette d'outils.

MOURLON
Salut, Aurélien, et bonjour à tous.

MICHOU, *passant son bras autour du cou de Mourlon*
Phèdre, mignonne enfant...

MOURLON
De quoi?

MICHOU

De mes filles toi la plus jeune…

MOURLON, *se secouant*

Vous me chatouillez!

MICHOU

Sur mon sein oppressé, laisse rouler ta tête.

MOURLON

Non mais, dites donc, qu'est-ce que c'est que ces façons-là?

RIRETTE

Ne vous fâchez pas, c'est un jeu.

MOURLON

Ah! bon, j'aime mieux ça.

RIRETTE

Monsieur, vous qui venez du dehors… pleut-il toujours?

MOURLON

La pluie vient juste de s'arrêter.

RIRETTE

Michou, mon ange, il ne pleut plus. Vite, nous sommes en retard.

MICHOU

J'aurais voulu que Phèdre intercédât pour lui...

RIRETTE

Mon Michou trésor, nous nous sommes amusés comme des fous, comme de vrais petits fous, mais maintenant, fini de jouer. Anaïs nous attend. Mes amours chéris, nous filons à l'anglaise.

IRÈNE

Embrassez Anaïs.

MICHOU

Une autre fois, on jouera encore. Aimable Phèdre, adieu... Adieu mes choux.

Il sort, précédé de Rirette.

MOURLON

Dis donc, Aurélien, chez toi, on rencontre du drôle de monde.

GÉRARD

Ben qu'est-ce que tu veux, tout ça, c'est des amis à la femme.

IRÈNE

Monsieur Mourlon, je tiens à ce que vous le sachiez,

l'homme qui vous a pris par le cou est un collègue de
mon mari et la vieille dame est sa mère. Voilà pour
le drôle de monde.

MOURLON

Oh! moi, vous savez, je disais ça... Alors, Aurélien,
on l'enlève, ce tracteur?

GÉRARD

Ben, ça m'en a tout l'air.

IRÈNE

Et moi, je ne veux pas que vous l'enleviez.

MOURLON

Un qui veut, un qui veut pas, comment c'est que
vous voulez que moi, Philibert, j'aille m'y retrouver?

GÉRARD

À ton idée, Philibert, qui c'est-y qui doit comman-
der? C'est-y l'homme ou c'est-y le jupon?

MOURLON

Chez moi, ça serait plutôt le jupon qu'aurait l'autorité, et ce qui m'étonnerait pas, Aurélien, c'est que
ça soit du pareil chez toi.

GÉRARD
Vingt dieux de vingt dieux, c'est ce qu'on va voir !
Allez, mets-toi à l'ouvrage.

MOURLON
Je suis là pour ça, mais ça me conviendrait mieux si
vous étiez d'accord.

GÉRARD
T'occupe pas.

IRÈNE
Philibert, tu peux pas me faire ça. Rappelle-toi que
ton cousin Achille avait marié la belle-fille à mon
oncle Gustave, la Léonora Bonfumé, une sacrée
cavale que tous les godelureaux du canton, elle les
avait sur les talons, pour ne pas dire où c'est que je
me pense.

GÉRARD, *à Mourlon*
Elle parle bien. Elle parle presque mieux que moi.

MOURLON, *à Irène*
Pardi, ton oncle Gustave, moi je l'ai bien connu. Gustave Santornier qu'il s'appelait.

IRÈNE
Bien forcé, puisque c'était le frère à mon père. Mes

oncles Chantoureau, c'était le côté de ma mère. Par le fait, on se trouve d'être un peu cousins, tous les deux.

MOURLON, *l'œil rieur, il donne un coup de coude à Irène*
Ça se pourrait peut-être ben.

IRÈNE
Par le côté Santornier.

MOURLON, *approchant les mains du corsage d'Irène*
Dis-donc, l'Ernestine, je sais pas que quel côté que tu tiens ces deux oiseaux-là, mais c'est du rudement bien tourné. Des vrais oiseaux de paradis.

IRÈNE
Cousin, tu me cherches, à ce que je vois.

GÉRARD
Écoutez, monsieur Mourlon, je regrette de vous avoir dérangé, mais j'ai encore réfléchi et j'ai décidé de laisser le Minotaure ici.

MOURLON
Comme vous voudrez, monsieur Forestier.

GÉRARD
Je trouve que ce serait dommage de le confiner dans une remise alors qu'il a si bien sa place dans le salon.

MOURLON

Ça, n'est-ce pas, c'est votre affaire. Bonsoir, madame Forestier.

IRÈNE

Bonsoir, monsieur Mourlon.

GÉRARD

Je vous reconduis.

Il sort avec Mourlon.

IRÈNE, *restée seule et s'adressant au tracteur*

J'ai sauvé ton en-soi.

RIDEAU

Petit carnet de mise en scène

Olivia Orlandi, comédienne
et metteur en scène

Avant-propos

Petite biographie de Marcel Aymé

Né le 29 mars 1902 à Joigny, dans l'Yonne, Marcel Aymé est le dernier-né d'une famille de six enfants. Son père était maréchal-ferrant. Ayant perdu sa mère à l'âge de deux ans, il fut élevé à Villers-Robert dans le Jura, chez ses grands-parents maternels, puis à Dole, chez sa tante Léa Crétin, avec sa sœur Suzanne, son aînée de deux ans. Après avoir fréquenté l'école de Villers-Robert, il poursuit ses études au collège de l'Arc, à Dole, où il obtient son baccalauréat latin-sciences-mathématiques en 1919. En 1920, alors qu'il prépare le concours d'entrée à Polytechnique à Besançon, il est atteint d'une grave maladie qui l'oblige à interrompre ses études. Pendant sa convalescence à Dole, sa sœur aînée, Camille, lui suggère d'écrire l'histoire de *Brûlebois*. Il effectue ensuite son service militaire en Allemagne (1922-1923). Il connaît le succès avec *La Table-aux-Crevés*, prix Renaudot en 1929, *La Rue sans nom,* en 1930, et surtout *La Jument verte*, en 1933. Dès 1934 paraissent *Les Contes du chat perché*, dont la fraîcheur et la naïveté enchantent toujours les enfants. On lui doit encore des nouvelles comme *Le Passe-Muraille*, *Derrière chez Martin*, des romans comme *La Belle Image*, *Travelingue*, *La Vouivre*.

Marcel Aymé est aussi un essayiste brillant (*Silhouette du scandale*, *Le Confort intellectuel*). Après la guerre, en 1948, sa première pièce, *Lucienne et le Boucher,* est montée par Douking. Ce fut le début de sa carrière d'auteur dramatique (*Clérambard*, *La Tête des autres*, *Les Oiseaux de lune)*. Après avoir délaissé le roman, avec *Uranus* en 1948, il y revient en 1960 avec *Les Tiroirs de l'inconnu*.

Ses héros sont simples ; ils vivent leur vie sans que leur auteur les explique. Ils sont plongés dans des situations imaginaires, merveilleuses, comme celle du *Passe-Muraille*. Marcel Aymé est décédé à Paris, le 14 octobre 1967.

Marcel Aymé, mon grand-père

Marcel Aymé était mon grand-père. C'est lui qui m'a élevée, avec ma grand-mère, pourtant il ne me parlait jamais de son œuvre. C'était un homme très secret, qui se confiait très peu, préférant écouter ce qu'on lui disait et observer les gens autour de lui. Son ami, l'auteur Antoine Blondin, disait : « *Marcel Aymé parlait peu, il aimait observer, il était perdu dans vos pensées.* » C'était un homme très simple, un homme qui aimait beaucoup les enfants et les animaux.

Plus tard je suis devenue comédienne – peut-être parce que j'ai baigné dans une atmosphère théâtrale dès l'enfance.

J'ai eu la chance de créer la dernière pièce de Marcel Aymé, *La Convention Belzébir,* en 1966, puis j'ai joué plusieurs de ses pièces : *Les Oiseaux de lune, Les Quatre Vérités,* et enfin tourné dans le film d'Yves Robert, *Clérambard,* d'après la pièce qui avait été créée en 1950.

Le Minotaure, que vous venez de lire, a été représenté pour la première fois à Paris, au théâtre des Bouffes-Parisiens, en 1963, dans la mise en scène de Jean Le Poulain qui jouait également le rôle de Michou.

La pièce fut reprise en 1988 au théâtre des Petits-Mathurins dans une mise en scène de José Paul.

Françoise ARNAUD

À la découverte d'un auteur et d'une œuvre

Vous avez choisi de monter *Le Minotaure* de Marcel Aymé. Vous vous apprêtez donc à vivre une belle aventure. Vous vous sentez heureux, mais un peu inquiets. Rassurez-vous, tous les aventuriers connaissent cette dualité de sentiments.

Pour parler de votre projet, peut-être auriez-vous souhaité rencontrer l'auteur, je devrais plutôt dire « votre » auteur puisque vous allez devenir « ses » interprètes. Je vous comprends, moi aussi j'ai eu cette envie l'an dernier lorsque j'ai eu le double plaisir d'adapter et de mettre en scène des textes de Marcel Aymé. Dans la distribution de ce spectacle, il y avait deux comédiennes, Françoise Arnaud et Delphine Guillaud, petite-fille et arrière-petite-fille de Marcel Aymé. J'ai également connu son épouse, je vous dis cela pour vous confirmer que, de source sûre, « votre » auteur n'était pas très bavard. Trop de questions, de demandes d'explications ou de conseils l'auraient peut-être importuné. On peut se dire cela pour se consoler de ne pas avoir eu le plaisir de le rencontrer.

Le goût pour le théâtre

Dans une petite biographie qu'il avait rédigée lui-même en 1963, justement l'année où était représenté *Le Minotaure*, Marcel Aymé écrivait : « Je n'ai pas connu ma mère, Emma Monamy, morte deux ans après ma naissance, et très peu mon père. Chez mes grands-parents à Villers-Robert, j'ai passé six années qui m'apparaissent aujourd'hui une longue existence. À l'extrémité du village dont elle était séparée par un petit bois dissimulant les autres maisons, mon grand-père avait une tuilerie construite presque au bord de la forêt… La tuilerie, quand je l'ai connue, était sur son déclin et n'occupait plus de façon régulière que trois ou quatre ouvriers. Telle quelle, je pouvais y jouer seul des journées entières sans m'y ennuyer jamais. »

Ces quelques phrases, où se retrouve tout le talent de conteur de Marcel Aymé, m'évoquent une de ses premières photos. Le petit Marcel de trois ans porte une blouse noire serrée par une ceinture de cuir et agrémentée d'un grand col blanc. Assis, les mains bien à plat sur les genoux, il a, sous une grosse frange de cheveux clairs, un regard vif et profond, plein de curiosité… D'après ses proches et ses amis, Marcel Aymé est resté toute sa vie un observateur attentif. Derrière l'écran de ses lunettes noires, qui lui donnaient l'air d'une star de cinéma mais cachaient en réalité ses yeux affaiblis par une myasthénie (affection musculaire de l'œil), rien ne lui échappait.

Comme certains de ses personnages dotés d'un pouvoir fantastique, peut-être s'amusait-il à déchiffrer les pensées des autres.

Il prétendait que si une grave maladie n'avait pas interrompu ses études alors qu'il préparait le concours d'entrée à Polytechnique, il serait devenu ingénieur et il n'aurait pas eu l'idée d'écrire. Quand on voit ses manuscrits, sans marge et sans rature, recouverts d'une écriture minuscule, voire microscopique, on pense qu'il était au contraire habité par la littérature.

Il a été très jeune sensibilisé à la lecture et au théâtre. Benjamin d'une famille de six enfants, il participait à tous les spectacles organisés par ses frères et sœurs chez sa tante Léa, qui l'avait recueilli à la mort de ses grands-parents.

Marcel Aymé a commencé à écrire pour le théâtre dans les années 1930 mais ses pièces furent représentées beaucoup plus tard. *Lucienne et le Boucher* fut créée la première, en 1948. Elle avait été écrite seize ans plus tôt et refusée par bon nombre de metteurs en scène dont Louis Jouvet et Charles Dullin. L'accueil du public fut un triomphe. D'autres suivirent : *Clérambard* en 1950, *Les Quatre Vérités* en 1954, *Les Oiseaux de lune* en 1955, *Les Maxibules* en 1961, *Le Minotaure* en 1963.

Son œuvre est considérable. Articles de journaux, essais, chansons, contes, nouvelles, romans, adaptations, scénarios, pièces de théâtre, il a abordé tous les genres.

Un homme peu ordinaire

Marcel Aymé était un personnage énigmatique. Certains le voyaient comme un homme simple et discret, aimant la campagne, les animaux et les enfants. D'autres le disaient complexe et polémique. Ils rappelaient que *La Tête des autres* avait été menacée d'interdiction, que *La Jument verte* l'avait fait accuser de pornographie, et qu'il avait refusé la Légion d'honneur !

En 1967, il écrivait dans un dernier article paru dans *Le Figaro littéraire* peu de temps avant sa mort : « Je me flatte d'avoir fait une découverte considérable, à savoir que la jeunesse d'aujourd'hui, adolescents compris, est à peu près ce qu'elle était il y a cinquante ans. »

Et lui, qui était-il ? De son enfance campagnarde à la notoriété, comment a-t-il vécu cette traversée d'un siècle si riche en événements politiques et personnels ?

Pour répondre à cette question, nous avons la chance de posséder de nombreuses lettres, des photos, des manuscrits, des témoignages et des interviews télévisées de Marcel Aymé. Pour mieux connaître sa vie et son œuvre, je vous recommande notamment la lecture du livre de Michel Lécureur, Marcel Aymé. *Un honnête homme* (Les Belles Lettres, 1997).

Comment aborder l'œuvre

Un titre qui sonne bien

Cette pièce a pour titre *Le Minotaure*. C'est un titre court. Il « sonne bien ».

Peut-être vous a-t-il fait penser à celui de Molière, *Le Misanthrope*. Ils ont le même nombre de syllabes et leur « Mi » résonne comme la note de musique.

La première fois que vous l'avez découvert, que vous a-t-il évoqué ? Vous en souvenez-vous ? Un vague souvenir de la mythologie, un monstre ?

Personnellement, ce titre m'avait intriguée. Je me demandais quel personnage j'allais découvrir. Ma surprise fut totale !

Et vous, quelles furent vos premières impressions à la lecture du *Minotaure* ? Qu'est-ce qui vous a le plus frappés ? Quels sont les passages que vous avez préférés ? Qu'avez-vous pensé des personnages ? Avez-vous retenu une réplique ? Si vous avez du mal à vous en souvenir, c'est peut-être parce que vous n'étiez pas assez concentrés. Ce n'est pas grave, relisez votre texte, tout seuls, au calme et d'une seule traite. N'oubliez pas de prendre avec vous un dictionnaire et d'y chercher les mots que vous ignorez. Ils peuvent changer le sens d'une réplique. N'imitez surtout pas certains acteurs professionnels qui ne lisent que leur propre rôle et ne cherchent pas à connaître vraiment la pièce.

À partir de mon expérience personnelle de comédienne et de metteur en scène, j'ai pu constater que plus on s'intéressait à un texte, plus on prenait le temps de le lire, de l'analyser, de l'étudier, plus on devenait impatient de lui donner vie.

Lors de la première répétition, Victor Hugo, qui mettait en scène ses propres pièces, disait aux acteurs : « Je suppose que tout le monde a lu le texte… mais qui l'a relu ? »

Avant de vous retrouver tous ensemble pour une première lecture, n'hésitez donc pas à relire seuls plusieurs fois le texte. Votre imagination vous entraînera à voir déjà le spectacle qu'il propose. Vous pouvez aussi noter ou dessiner vos images mentales pour les comparer avec vos partenaires lors des séances de travail. C'est un bon exercice pour définir l'univers de la pièce et trouver des idées de mise en scène.

Une première lecture

Toute l'équipe est maintenant réunie autour d'une table pour participer à une première lecture à voix haute.

L'un d'entre vous sera chargé de lire les « didascalies ». Ce sont les indications scéniques données par l'auteur, concernant le décor, l'attitude des personnages, le ton qu'ils doivent adopter, etc. Ces indications scéniques vous permettront d'imaginer les déplacements et le jeu des acteurs. Les autres participants se répartissent les différents rôles.

Cette lecture vous surprend. Dans la bouche de vos partenaires, les mots se chargent d'intentions qui vous ont échappé, les personnages que vous aviez imaginés sont différents, certaines scènes prennent un autre sens. Cela est normal, quand on passe du domaine de l'imaginaire à celui de la réalisation…

Confrontez vos visions respectives. Faites chacun à votre tour un résumé de l'action. Puis définissez son sens général, donnez votre opinion sur le style, les personnages, les dialogues… Pour l'instant, vous avez le droit d'avoir des points de vue différents. Par contre, quand vous allez commencer à travailler ensemble, il faudra que vous soyez d'accord sur tous les choix qui seront faits. « Ils ne jouent pas la même pièce » est une critique que l'on entend souvent dans le milieu théâtral. Elle signifie que le spectacle n'est pas réussi. Avant de passer au jeu, ne négligez donc pas de faire sérieusement un travail dramaturgique. Il consiste à étudier la pièce pour découvrir les idées, les thèmes et les sentiments que l'on choisira d'illustrer. Demandez-vous bien : « Que nous raconte cette pièce ? A-t-elle une morale ou une moralité ? » Cherchez aussi à savoir comment elle est construite, si elle a une continuité de ton, quelles sont ses particularités. Examinez le texte « sous toutes les coutures », comme vous le feriez pour un vêtement que vous allez endosser et dans lequel vous voulez être à l'aise.

Qui était le Minotaure ?

Sauf si vous connaissez bien la mythologie grecque, vous devez avant tout vous renseigner sur ce fameux Minotaure qui donne son titre à l'œuvre. Il est indispensable que vous connaissiez mieux son histoire pour comprendre la dernière partie de la pièce.

Le Minotaure était donc un monstre, mi-homme mi-taureau. Sa mère, Pasiphaé, était l'épouse de Minos, le roi de Crète. En l'absence de son époux, elle fut séduite par un taureau blanc, envoyé dans un esprit de vengeance par Poséidon, le dieu de la Mer. À son retour, pour cacher aux yeux de tous le fruit de cet adultère, Minos ordonna à l'architecte Dédale de construire le palais du labyrinthe. Il y fit enfermer le Minotaure. Le monstre se nourrissait de chair humaine et tuait tous ceux qui entraient dans ce palais. Minos et Pasiphaé avaient deux filles, Ariane et Phèdre. C'est grâce à Ariane et à son fameux fil déroulé dans les méandres du labyrinthe que Thésée, roi d'Athènes et futur époux de Phèdre, put vaincre et tuer le Minotaure.

Dès les premières répliques de la pièce, nous découvrons que ce n'est pas un monstre mais un tracteur qui porte le nom de Minotaure. « La meilleure marque qui existe », précise un des personnages. Bien sûr, ce nom n'est pas innocent

Ce tracteur rouge, planté au beau milieu d'un salon bourgeois est le premier effet de surprise de la pièce. On sait que Marcel Aymé aimait plonger ses lecteurs dans l'irrationnel, le merveilleux, le fantastique. Rien de tel dans *Le Minotaure*. Les personnages ne passent pas à travers les murs comme dans *Le Passe-Muraille*, ne se transforment pas en volatiles comme dans *Les Oiseaux de lune*, ne rencontrent pas saint François d'Assise comme dans *Clérambard*… Non, mais ce tracteur est cependant un élément perturbateur. Sa présence pousse les personnages à jouer et, en jouant, à révéler leur vérité intime. Il possède, en quelque sorte, un pouvoir magique, qui explique qu'il soit assimilé à une créature mythologique.

L'action

L'action du *Minotaure* est assez simple. Un diplomate nostalgique de la campagne fait l'acquisition d'un tracteur et l'installe dans son salon. Sa femme, horrifiée, s'emploie à se débarrasser de cette « abomination », mais des amis mondains, voyant là une audace artistique de sa part, la persuadent du contraire. Quand son mari consent finalement à se séparer du tracteur, c'est elle qui décide de le garder.

Résumer la pièce en quelques phrases en donne une idée réductrice qui ne rend pas compte de sa richesse. En effet, même si elle tourne par moments à la parodie, cette pièce en un acte n'en est pas moins une comédie de mœurs. Elle traite plusieurs thèmes : l'identité, le couple, les rôles sociaux, le snobisme, les aspirations cachées.

Les personnages

Les personnages sont d'autant plus cocasses qu'ils ont une vérité psychologique.

Le mari sacrifié aux désirs ou aux ambitions de sa femme est un personnage cher à Marcel Aymé. On le retrouve dans certaines de ses nouvelles et il en fait toujours un portrait approfondi. Dans *Le Minotaure*, Gérard Forestier est un brillant diplomate, mais sa vocation est ailleurs. Nous n'avons pas à nous interroger sur le motif de sa surprenante acquisition. S'il a eu envie d'acheter un tracteur et de l'installer dans son salon, c'est parce que, dit-il, « *elle* [la campagne] *me manque tellement qu'elle finit par m'obséder* »... Avant de se mettre à jouer au paysan, il confie au vendeur : « *Quand j'ai découvert votre engin, quand j'ai grimpé sur le siège, j'ai cru tout à coup retrouver mon village.* » À sa femme, il affirme : « *À cause de toi, je me suis orienté vers la carrière diplomatique et enlisé dans un faux métier au lieu de suivre ma vocation... J'ai trop longtemps joué le rôle que tu m'avais assigné le jour de notre mariage.* » C'est un raisonneur. Il exprime ses interrogations, ses sentiments, ses ressentiments. Il a le don des formules ciselées et de l'argumentation brillante. Il a l'éloquence d'un diplomate. Quand il se met à parler avec l'accent campagnard, le contraste entre ce qu'il est et ce qu'il paraît n'en est que plus frappant.

Irène, l'épouse de Gérard, est une femme oisive qui se pique d'art et d'esthétisme. «*Je ne supporte pas ce qui est laid.*» Elle a de l'autorité, mais aussi des frustrations : «*Quand je te demande de sortir tu n'es jamais libre*», et même des souffrances : «*Jusqu'à présent ta cruauté mentale se manifestait de façon insidieuse et d'abord en paroles.*» Elle est le type de la grande bourgeoise des années 1960.

Question d'époque

À ce propos, nous pouvons nous arrêter un instant sur cette année 1963 où Marcel Aymé a écrit et fait représenter *Le Minotaure*. La société française est alors plongée dans un bain de jouvence avec l'arrivée des jeunes idoles de la chanson. C'est le «temps des copains». Un vent de libération commence à souffler sur la république gaulliste, aux mœurs compassées. Les mentalités, les codes de conduite, les goûts vestimentaires et artistiques sont en pleine mutation.

Marcel Aymé n'a pas attendu cette évolution des mentalités pour créer des personnages de théâtre qui assumaient leur marginalité ou leur nature scandaleuse. Avec Michou, il met en scène un personnage que l'on retrouvera souvent par la suite dans le théâtre de boulevard, et au café-théâtre, celui de l'homosexuel extraverti. À la création, Michou était interprété par Jean Le Poulain. Sa démesure comique lui valut un grand succès.

Des personnages hauts en couleur

Michou est un homme « *maniéré, mais enthousiaste et remuant* ». C'est aussi un collègue de Gérard. Il a donc reçu la même formation et a appris comme lui la dialectique, c'est-à-dire l'art de raisonner. « *Tu as le don des éclairages* », lui dit sa mère. Son argumentation brillante est une force de persuasion qui en fait un oracle. Il arrive à convaincre Irène que le tracteur est « *l'objet en soi* », que plus rien n'existe autour de lui et qu'un tableau d'Utrillo fait soudain « *pauvre figure* ». Les théories de Michou ressemblent à celles d'une certaine avant-garde de l'époque, et Marcel Aymé s'est amusé à y faire référence.

Rirette est une vieille dame très « *évaporée* », comme l'indique le texte. Cet adjectif signifie : « étourdie, dissipée, démonstrative ». Elle incarne la superficialité des rapports mondains. Sous ses dehors charmants de vieille petite fille capricieuse, c'est aussi une mère abusive. Le couple qu'elle forme avec Michou fonctionne comme un duo. Dans leur première scène, leur délire artistique vous rappelle peut-être celui de Trissotin et Vadius dans *Les Femmes savantes* de Molière.

Mourlon est le mécanicien qui a vendu son tracteur à Gérard. Il s'étonne de cette extravagance : « *Si on m'avait dit qu'un jour je livrerais mon tracteur à un troisième étage de la rue Saint-Dominique !* », mais entre vite dans le jeu de son client. D'autant plus facilement qu'il a, comme Gérard, des origines campagnardes. Lorsque les deux hommes jouent aux paysans, la distance sociale qui les sépare est abolie et Mourlon se montre soudain plus agressif et plus entreprenant.

Marguerite, la jeune bonne, a d'abord du mal à comprendre ce qui se passe. Quand elle a saisi la règle du jeu, elle abandonne vite sa docilité et sa servilité de domestique. Autorisée à parler d'égal à égal avec son patron, elle en profite pour le traiter de « *malappris* » et de « *poitrinaire* ». Elle retrouve son attitude soumise dès que sa patronne surgit. Ce changement de comportement suggère qu'en temps ordinaire Mourlon et Marguerite sont obligés de respecter les convenances sociales que leur impose leur fonction, mais qu'en réalité, ils jouent un rôle.

Le et les langages

Chaque personnage a son langage propre correspondant à son milieu social, sa fonction, son caractère...
Gérard et Michou s'expriment avec une grande richesse de vocabulaire et une grande précision; Mourlon parle simplement, dans un style populaire, Irène a un langage très classique, Rirette est emphatique. Marguerite fait des fautes de français. Comme dans la réalité, le langage fait partie intégrante de la personnalité de chacun.

Le langage des paysans

Quand Gérard, Mourlon et Marguerite se mettent à jouer aux paysans, ils adoptent un accent et des tournures de phrases très spécifiques. Marcel Aymé a souvent fait parler des paysans dans ses romans et ses nouvelles. Je vous conseille de lire *La Table aux crevés*, les dialogues des paysans jurassiens y sont particulièrement savoureux. Dans *Le Minotaure*, à propos du jeu de Gérard, il est simplement indiqué : «*Il parle d'une voix forte et avec un accent campagnard*», il n'est pas précisé de quelle région est l'accent. Lors de la création, les comédiens avaient adopté celui du Berry avec les «r» fortement roulés. L'auteur, qui assistait à toutes les répétitions, le leur avait peut-être suggéré.

Le style parodique

Dès la première lecture, on se doute que le nom du tracteur n'est pas innocent. Quand Michou apprend que Gérard l'appelle « *son Minotaure* », ce nom trouve sa pleine justification. En effet, par association d'idées, Michou se met soudain à jouer le rôle de la reine Pasiphaé et entraîne les autres personnages dans son jeu parodique.

Qu'est-ce qu'une parodie ? D'après le dictionnaire c'est « l'imitation burlesque d'une œuvre sérieuse ». La première tirade de Michou est en effet en vers. Des vers de douze syllabes, appelés alexandrins et employés dans les pièces classiques du XVIIᵉ siècle. De quelle œuvre Marcel Aymé s'est-il inspiré pour cette parodie ? Nous pouvons répondre sans hésiter : de la tragédie de Racine, *Phèdre*, dans laquelle Phèdre se présente elle-même comme « la fille de Minos et de Pasiphaé ». Irène faisant « le chœur des taureaux » est une allusion au chœur antique des tragédies grecques, au cours desquelles un groupe de personnes commentait l'action d'une seule voix.

Le jeu dans le jeu

Un des éléments importants de cette pièce est le jeu dans le jeu. Tous les personnages se mettent à jouer.

Il y a ceux qui le font spontanément, comme Gérard et Michou, ceux à qui on le demande, comme Irène et Rirette, et ceux, comme Mourlon et Marguerite, à qui on le commande. De quelle manière jouent-ils les uns et les autres ? Comme des enfants, comme des amis, comme des collègues participant à des jeux de rôle dans le cadre d'un séminaire de développement personnel ? Jouent-ils tous avec la même habileté, le même plaisir, la même sincérité ?

Et le Je dans le jeu

Que voulait dire Marcel Aymé en mettant en scène des personnages qui jouent ?
Le jeu dévoile-t-il la dualité des aspirations de chacun ?
Quelle est l'importance du jeu social ?
Faut-il jouer un rôle pour se faire accepter par les autres ?
Est-ce un effet de miroir qui doit nous renvoyer à notre véritable Je ?
Réfléchissez ensemble à toutes ces questions ou à d'autres que vous pouvez vous poser sur les intentions de l'auteur.
Il n'y a pas de recette pour monter un spectacle, mais une étude sérieuse du texte me semble personnellement une étape indispensable à franchir pour effectuer les choix de réalisation et les assumer.

La préparation du spectacle

Pour réaliser votre spectacle, soyez prévoyants et organisés. On a toujours l'impression de manquer de temps
pour résoudre tous les problèmes pratiques et techniques
qui accompagnent une aventure théâtrale. Récapitulez
tout ce que vous avez à faire :
– distribuer les rôles ;
– définir le principe de mise en scène ;
– déterminer la fréquence des répétitions ;
– fixer la date des représentations ;
– concevoir le décor ;
– choisir les accessoires et les costumes ;
– décider des lumières et des sons ;
– imaginer les affiches et les programmes.

Le metteur en scène

S'il est bon que les principales décisions soient prises en
commun, il est cependant indispensable de désigner une

autorité pour assurer la mise en scène, qui sera le garant de la bonne marche du spectacle.

Autrefois, le rôle du metteur en scène était généralement assuré par l'auteur. Molière et Victor Hugo y excellaient. Depuis les années 1940, il est devenu indépendant, mais essentiel, dans la création théâtrale. Charles Dullin, Louis Jouvet, Jean-Louis Barrault ont été parmi les premiers à connaître la célébrité dans cette fonction. Aujourd'hui, dans le théâtre professionnel, le choix du metteur en scène est aussi important que celui des acteurs.

Choisissez un metteur en scène qui aura des compétences artistiques, un sens critique, de l'autorité, mais également une ouverture d'esprit et des qualités d'écoute lui permettant de laisser s'exprimer la nature des comédiens et de les mettre en confiance. Comme un chef d'orchestre, le metteur en scène sera responsable du résultat final, mais votre collaboration doit se faire dans une entente mutuelle.

Il serait bon que le metteur en scène soit aidé d'un assistant ou d'une assistante pour noter tous les déplacements des comédiens, les changements d'éclairage, de costumes, d'accessoires, les moments où il y aura des bruits particuliers ou de la musique…

L'assistant est « le bras droit » du metteur en scène et l'aide-mémoire de tous.

La distribution

Autrefois, la notion « d'emploi » était bien définie : jeune premier, coquette, soubrette, valet, etc. Par leur physique ou leur tempérament, les comédiens étaient destinés à certains rôles. S'ils en sortaient, on disait qu'ils jouaient « à contre-emploi ». Cette notion est aujourd'hui dépassée, surtout dans les pièces contemporaines, mais il n'en reste pas moins que l'âge, la taille, la voix et la nature prédisposent les acteurs à jouer certains personnages plutôt que d'autres. Dans *Le Minotaure*, il y a trois hommes et trois femmes, ce qui est un bel équilibre. D'après les indications de l'auteur, l'âge des hommes est à peu près identique, mais celui des femmes est très différent. Mourlon et Michou ont quarante ans, Gérard Forestier quarante-cinq. Marguerite est qualifiée de « jeune servante », Rirette de « vieille dame à cheveux blancs », Irène doit être à peu près de l'âge de son mari, mais cela n'est pas précisé.

Si vous n'avez pas vraiment l'âge des personnages, c'est sans importance. Par contre, si vous devez interpréter le rôle de Rirette, il faudra quand même donner l'impression aux spectateurs qu'elle est la mère de Michou et qu'elle a une vingtaine d'années de plus que lui. Pour y parvenir, observez bien les personnes qui, dans la vie ou à la télévision, vous paraissent susceptibles de ressembler à l'idée que vous vous faites de Rirette. Notez leurs principales caractéristiques physiques, leurs attitudes, leurs expressions. Par expérience, je peux vous assurer que c'est très amusant de se vieillir, de s'enlaidir, ou de composer un personnage qui est le contraire de ce que l'on est. On y trouve parfois une grande liberté de jeu et l'on se découvre des talents de composition que l'on ignorait.

La mise en scène

Après le travail de dramaturgie, l'équipe ou le metteur en scène a défini le principe de mise en scène du spectacle, c'est-à-dire ce qu'il faut donner à voir et à comprendre au public et comment y parvenir.

L'itinéraire

Personnellement, si j'avais à monter cette pièce, il m'importerait de montrer, au-delà du rire, la complexité de chacun des personnages et la transformation des rapports sociaux révélée par le jeu. Je m'efforcerais d'illustrer mon point de vue en commençant toujours ces jeux non pas en force, mais en douceur comme le font les enfants, presque timidement, et en introduisant dans les réactions des personnages des temps de surprise sur les autres et sur eux-mêmes. J'essaierais aussi de suggérer qu'ils vivent en alternance la réalité et la fiction et que par moments les deux univers se rejoignent. Pour cela, j'emploierais peut-être des jeux de lumière différents.

Nous avons vu que *Le Minotaure* était une comédie satirique qui offrait une grande variété d'intentions, vous pouvez donc explorer plusieurs pistes avant de choisir votre propre itinéraire.

La technique

Sur le plan technique, en règle générale, lorsqu'on n'a pas de grands moyens ni une grande expérience de la mise en scène, il vaut mieux jouer la carte de la simplicité et de la précision. Plutôt que de faire effectuer aux acteurs des parcours compliqués, choisissez des déplacements et des mouvements plus faciles, mais bien réglés. Ne prenez pas le risque de perdre l'attention des spectateurs par trop d'effets de son ou de lumière mal réalisés. J'ai assisté à des spectacles où la mise en scène était si habile qu'on avait l'impression d'entrer dans l'univers des personnages et de vivre leurs émotions. Il s'agissait parfois des mises en scène les moins sophistiquées.

Le décor

L'action du *Minotaure* se déroule comme l'écrit Marcel Aymé : « *À Paris de nos jours.* »
Vous avez donc la possibilité de situer la pièce de nos

jours ou dans les années 1960. Les deux options ont leur intérêt.

Prendre un parti

Pourquoi feriez-vous le choix des années 1960 ? Parce que vous pensez que le sujet ne peut pas être transposé aujourd'hui ? Parce que sur le plan scénique, l'effet visuel sera plus intéressant ? Parce que cette époque vous plaît, tout simplement, et que vous voulez offrir à votre public un petit voyage dans le passé ? Dans ce cas, il faudra acquérir des meubles et des accessoires qui vous reviendront plus chers que ceux d'aujourd'hui. Mais si c'est votre choix, ne vous laissez pas dissuader par ce genre de considération, faites confiance à votre détermination pour trouver les solutions qui s'imposent. Si vous avez un budget réduit, explorez les caves et les greniers de vos proches, allez flâner dans les marchés aux puces de votre ville, vous aurez peut-être de bonnes surprises.

Dans le texte, le décor « *représente une perspective de deux salons en enfilade, peints sur une toile de fond et meublés avec recherche. Complétant le décor de la toile, de vrais meubles prolongent l'un des salons sur la scène... porte à droite, porte à gauche...* » Retenez surtout de cette indication que votre décor doit représenter un salon avec une entrée à droite et une à gauche. Que vous choisissiez une époque plutôt qu'une autre et quel que soit le lieu scénique dont vous disposerez pour vos représentations, le décor d'un salon est relativement simple à réaliser. Vous pouvez en effet vous contenter de quelques éléments de meubles, comme un canapé, une table basse, des sièges. Pour donner un aspect cossu à votre salon, pensez à utiliser des tissus. Vous pouvez par exemple tendre le mur du fond d'une pièce d'étoffe et recouvrir votre canapé d'un jeté de tissu soyeux et de jolis coussins. Vos entrées peuvent être également représentées par des tentures.

Dans le texte, nous apprenons qu'« *Irène arrange ses cheveux devant la glace* » et que Michou parle « *d'un petit Utrillo* », vous penserez donc à installer dans votre décor un miroir et un tableau ressemblant à un paysage d'Utrillo.

Le tracteur

Vous n'aurez besoin que de deux accessoires : un téléphone, que vous n'aurez aucun mal à vous procurer, et un tracteur...

Ce « *tracteur rouge, l'avant tourné vers le public* » que l'on découvre en même temps que le décor est l'accessoire principal à la pièce. On peut même dire qu'il tient le premier rôle. Si vous avez peu de moyens financiers et si votre lieu scénique n'est pas très vaste, il va falloir faire preuve d'imagination et d'astuce pour matérialiser ce tracteur. Cependant, pas de panique, le théâtre est le royaume de l'illusion, et même si vous ne disposez que de quatre chaises, d'un escabeau et d'un grand morceau de tissu rouge, vous pourrez représenter votre tracteur. Il vous suffira de placer les chaises en carré et l'escabeau derrière elles pour avoir un siège en hauteur, de recouvrir le tout avec le tissu et d'y inscrire le mot «Minotaure.» Vous pouvez aussi vous amuser à fabriquer une grande caisse en carton ou en bois sur laquelle vous peindrez des roues et un volant ou encore un simple panneau où vous collerez un poster représentant un tracteur.

N'ayez pas de complexes si votre décor et vos accessoires ne sont pas à la mesure de vos désirs. Il y a eu des grandes pièces de théâtre qui ont été représentées «dans les rideaux». C'est une expression qui signifie qu'il n'y a pas du tout de décor, ni d'accessoires. Quelle que soit la physionomie de votre tracteur, apprenez surtout les gestes et les attitudes qui donneront aux spectateurs l'impression qu'il est présent. Vous avez peut-être vu des mimes. Ils parviennent à créer l'illusion du monde matériel par leur seule gestuelle.

Les costumes

Si vous optez pour un décor contemporain, vous n'aurez pas beaucoup de difficulté à trouver les costumes de vos personnages. Réfléchissez par contre aux couleurs. Sur le plan esthétique, il est bon d'harmoniser les tons des costumes et ceux du décor. Il peut être intéressant aussi que tous les personnages portent un élément de même couleur, pour créer un ensemble agréable. Faites des essais comme si vous vouliez composer un tableau. Avec un peu de recherche et de goût, vous pourrez surprendre vos spectateurs.

À chacun sa tenue

Mourlon est « *vêtu d'une combinaison de mécanicien* » et Gérard Forestier « *avec une élégance sévère* ». Ce sont les seules indications que nous donne le texte. Pour les autres costumes, pensez donc à traduire le milieu social et la fonction de chaque personnage et son tempérament. Par exemple, Irène et Rirette sont deux grandes bourgeoises très élégantes, cependant Irène est plus austère que Rirette. Son costume devra traduire la rigueur de son caractère, alors que celui de Rirette portera une note de fantaisie ou d'originalité. Marguerite est une jeune bonne, mais son costume de fonction doit traduire sa personnalité. Selon que vous l'imaginez timide, malicieuse ou insolente, la longueur de sa robe, son décolleté, la forme de son tablier ou de sa coiffe seront différents. Michou est « *maniéré* », c'est-à-dire précieux, mais il est diplomate, il porte donc certainement un costume très mode ou très « tendance », mais pas ridicule.

Si vous choisissez les années 1960, ayez soin de mettre en valeur dans vos costumes des détails caractéristiques de cette époque. Vous pouvez même les accentuer, sans toutefois tomber dans la caricature. Pour vous inspirer, recherchez des photos de famille et consultez des magazines de cette époque que vous trouverez dans des bibliothèques ou chez des brocanteurs.

La lumière

Située dans un temps et un lieu uniques, l'action du *Minotaure* ne nécessite pas a priori de changements de lumières. C'est une chance, si votre lieu scénique ne dispose pas d'un équipement professionnel. Veillez cependant à ce que les acteurs soient toujours bien éclairés. N'hésitez pas à mettre des lampes halogènes dans le décor et des lampes de chevet sur les meubles, comme si elles faisaient partie de l'ameublement du salon.

Si vous avez la possibilité d'utiliser des jeux de lumière, votre mise en scène pourra s'enrichir d'effets inattendus. Par exemple, quand les comédiens se mettent à parler paysan ou à jouer la tragédie, un nouvel éclairage pourrait donner l'impression d'entrer dans l'imagination des personnages. Vous pouvez aussi, dans votre mise en scène, donner aux comédiens la possibilité de modifier l'éclairage. Quand Michou se met à interpréter le rôle de la reine Pasiphaé, il peut très bien éteindre une lampe posée sur un élément du décor ou au contraire allumer un chandelier pour signifier que le jeu commence... Si vous avez vraiment envie de «travailler» l'éclairage, même avec des moyens réduits, vous pourrez obtenir des effets intéressants en utilisant des gélatines de couleur que vous poserez sur les lampes.

Le son

Le son a parfois une importance essentielle. Une sonnette qui ne retentit pas, un téléphone qui ne sonne pas, un coup de feu qui ne part pas au bon moment nuisent à la crédibilité d'une situation.

Dans *Le Minotaure*, il est justement question à plusieurs reprises d'un coup de sonnette qui intervient dans l'action. Vous pouvez déclencher cette sonnerie depuis les coulisses en appuyant sur une véritable sonnette ou utiliser un enregistrement.

Si vous voulez introduire d'autres bruits dans votre spectacle, il existe des CD de bruitages très variés. Après le genre de répliques : «*Faites entrer...*», «*On vient... Laissez-moi...*», «*Très probablement, c'est lui qui vient de sonner...*», il y a toujours un temps d'attente. Vous pouvez faire entendre un bruit de pas évoquant un long couloir un peu inquiétant entre le salon et la porte d'entrée pour avoir un effet comique récurrent.

Quand Gérard Forestier dit en revenant : «*Il pleut à*

verse», vous pouvez également diffuser le bruit de la pluie si vous pensez qu'il apportera un élément intéressant à votre mise en scène.

La musique

Dans cette pièce, il n'y a à aucun moment obligation de faire entendre de la musique, mais vous savez que c'est un élément qui apporte souvent beaucoup à un spectacle. Alors ne vous en privez pas et apprenez à l'utiliser à bon escient. Pour créer une ambiance chaleureuse, je vous conseille de marquer le début et la fin de votre spectacle par le même thème musical, traité ou développé différemment. Vous en trouverez des exemples dans des CD de «musiques au mètre». Les scènes de jeux peuvent également être soutenues par des interventions musicales, comme dans certaines séquences de cinéma. La musique servirait alors à souligner l'effet comique de ces situations, mais faites des essais pour trouver le style qui conviendra le mieux à vos intentions. Musique classique, moderne, folklorique, électronique, etc. Prenez le temps de comparer des morceaux très différents, le choix finira par s'imposer.

L'interprétation

Vous allez commencer à apprendre votre texte par cœur
et à travailler votre interprétation. Pourquoi avez-vous
choisi d'interpréter ce personnage ? Ou pourquoi a-t-on
pensé à vous pour le jouer ? Quelle que soit la réponse,
vous allez devoir maintenant l'incarner.

En ce qui concerne le jeu des acteurs, il y a dans *Le Minotaure* très peu de didascalies. Il paraît que Marcel Aymé
assistait à toutes les répétitions de ses pièces, mais qu'il
était très respectueux des propositions du metteur en
scène et des comédiens. On dit parfois en effet de certains acteurs qu'ils donnent l'impression « d'inventer
leur texte », cela signifie qu'ils ont leur propre part de
création.

Avant de vous « glisser dans la peau de votre personnage », vous devez donc faire sa connaissance comme
s'il s'agissait d'une personne réelle.

Les patronymes

Vous pouvez commencer par étudier son nom. Ce n'est
jamais par hasard qu'un auteur choisit le nom de ses personnages. « Gérard Forestier », par exemple. « Gérard »
est un prénom élégant. On peut très bien imaginer comment le prononcer avec un accent mondain en accen-
tuant la deuxième syllabe : « Gé-rard ». « Forestier »

désigne un métier et un adjectif en rapport avec la forêt. Il évoque aussi la force. « Gérard Forestier » traduit bien la double personnalité du personnage : un homme qui a des origines paysannes mais vit dans un milieu brillant et mondain.

Voyons les autres personnages. Dans « Irène », on entend le mot reine, dans « Rirette », rire, dans « Michou », chou. « Marguerite » est une fleur des champs. « Mourlon » peut faire penser à « court-long ».

La personnalité de chacun

Si vous vous amusez à décrypter le nom de votre personnage, vous pouvez imaginer son allure, sa façon de parler, de bouger, l'impression qu'il doit dégager. Pour Gérard, ce sera peut-être de l'autorité, pour Mourlon, de la bonhomie, pour Irène, de la distinction, de la fraîcheur pour Marguerite, de la gaieté pour Rirette, de la rondeur et de la préciosité pour Michou... ou tout autre chose. Cherchez à bien définir le personnage que vous devez incarner pour traduire au plus juste ses sentiments et ses réactions. Certains comédiens vont jusqu'à lui inventer toute une vie. Ils établissent des fiches concernant son passé, son caractère, ses goûts, ses manies... Cela les aide à s'identifier plus parfaitement à lui. À chacun de trouver sa méthode pour entrer dans la peau de son personnage. Nous l'avons vu, les personnages du *Minotaure* sont complexes. Au cours de l'action, Gérard, Mourlon et Marguerite se mettent soudain à jouer aux paysans. Michou, Rirette et Irène se lancent dans la tragédie. Au travail d'élaboration des personnages, il faudra donc ajouter celui de l'accent campagnard et du style déclamatoire, sans jamais quitter le ton de la comédie.

Le moyen le plus efficace, lorsqu'on n'a pas une formation théâtrale très solide, est d'être très sincère. Trouvez toujours une motivation aux propos et aux actions de votre personnage. Adressez-vous vraiment à vos partenaires et écoutez-les réellement comme vous le feriez dans la vie.

Le rire

La comédie n'est pas un genre facile, il faut que les acteurs aient de l'énergie, du rythme, de la précision, des inventions propres à déclencher les rires. Parfois, d'ailleurs, les rires ne viennent pas où on les attend, cela s'appelle « rater ses effets », parfois au contraire, ils jaillissent par surprise. Évitez surtout de vouloir être « comiques » à tout prix. Ne surjouez pas, c'est-à-dire ne soyez pas excessifs dans vos gestes et vos propos, et surtout évitez de tomber dans la caricature. Vivez vraiment la situation, et vous trouverez le ton juste. La drôlerie du texte apparaîtra d'elle-même. Certains jours, vous vous sentirez dans l'humeur joyeuse de la pièce et vous trouverez des intonations ou des réactions spontanées qui modifieront celles de vos partenaires. Vous constaterez en effet que votre jeu influence celui des autres. Un comédien célèbre disait : « Comme dans le sport, le jeu théâtral se perfectionne dans les échanges. Plus votre partenaire joue bien, plus votre propre niveau s'élève. »

Les répétitions

Le travail des répétitions varie suivant les spectacles et la personnalité du metteur en scène. Certains metteurs en scène demandent aux comédiens de savoir très vite leur texte pour se consacrer à la mise en place, d'autres préfèrent qu'ils fixent leurs mouvements en répétant avec leur texte à la main. Il y en a qui leur imposent des exercices d'improvisation, d'autres de concentration.

Apprendre son texte

Personnellement, je préfère que les acteurs apprennent leur texte assez rapidement et je commence toujours les répétitions par une « italienne » (les comédiens disent leur texte sans le jouer pour vérifier leur mémoire). Je ne suis pas particulièrement directive mais je n'apprécie pas beaucoup que les comédiens « fassent du texte », c'est-à-dire le modifient sans arrêt. Il me semble que c'est un manque de respect pour le travail de l'auteur, surtout lorsqu'il n'est plus là pour donner son avis.

Dans les premières répétitions, quand la mise en place est faite, je trouve qu'il vaut mieux enchaîner toutes les scènes de la pièce pour avoir une idée d'ensemble du spectacle, puis retravailler chaque scène en détail. Il y a des passages qui posent plus de problèmes que d'autres et demandent un travail supplémentaire.

La ponctualité

Prenez très au sérieux les séances de répétition pour ne pas vous trouver en état de fragilité au moment de jouer devant le public. Même si vous êtes extérieurs à une scène, assistez au travail des autres acteurs. En les regardant, vous apprendrez toujours quelque chose d'utile pour votre propre jeu. Les répétitions sont des périodes de recherche, d'essai, de tâtonnement, de doute, parfois même de découragement. On se rend compte qu'il n'est pas si facile d'être un autre mais c'est un défi passionnant. Quand on y arrive, quel plaisir, quel bonheur !
En prenant en compte les disponibilités de chacun, établissez très vite un calendrier de répétition. Programmez des séances d'une durée d'au moins deux heures dans les débuts, à raison d'une ou deux fois par semaine. Des répétitions trop espacées ou trop courtes ne favorisent pas la concentration. Vous fixerez mieux vos intentions de jeux et vos déplacements si vous avez deux répétitions par semaine plutôt qu'une tous les quinze jours. D'une

séance à l'autre, vous risquez même de les oublier complètement.

Avant la première représentation, deux semaines de répétitions quotidiennes entrecoupées de la pause du week-end seraient souhaitables pour finaliser le travail, régler les éclairages et la musique, faire des filages (répétitions en continu) en costumes, dans le décor définitif.

Le travail personnel

Le comédien est son propre instrument. Vous devez donc faire un travail personnel sur votre voix et votre corps.

Vous avez certainement constaté que la première condition pour être écouté par des spectateurs est de se faire entendre…

Dans la vie, chacun a une façon propre de parler et d'inventer sa ponctuation en prenant des temps de respiration. Amusez-vous à lire à haute voix les répliques de votre texte sans respirer. Vous constaterez que votre voix s'affaiblit de plus en plus et que, pour la rendre audible, vous êtes obligé d'accentuer votre articulation comme on le fait naturellement quand on chuchote. Il n'est pas nécessaire, en effet, de forcer sa voix pour se faire entendre, mais il est indispensable de respirer et de bien articuler.

Les exercices

Prenez donc l'habitude de faire, quand vous êtes seul, des lectures de votre rôle à voix haute en exagérant chaque syllabe de chaque mot. Étirez vos lèvres au maximum. Les chanteurs lyriques disent que cet exercice «muscle» les lèvres et donne de la résonance à la voix. Il est moins fastidieux que ceux pratiqués dans les cours de diction sur les consonnes ou les voyelles et vous pourrez constater son efficacité immédiate. Quand vous relirez votre texte d'une façon normale, les mots sembleront sortir sans difficulté. Vous ne les «accrocherez» plus, et ils seront plus sonores.

Pour développer votre souffle, faites des exercices bouche fermée, en imitant le son d'une sirène de bateau. Essayez de tenir le plus longtemps possible. Prenez une inspiration puis recommencez plusieurs fois. Vous verrez que vous tiendrez de plus en plus longtemps sans reprendre votre respiration.

Apprenez aussi à vous déplacer. Au début des répétitions, il vous semblera parfois difficile de faire certains mouvements, surtout en parlant. Dans une grande glace, observez votre façon de bouger, de vous asseoir, de vous lever, de marcher… Vous ne vous plaisez pas? Vous vous trouvez maladroits? Eh bien! recommencez… autant de fois que cela sera nécessaire pour obtenir le résultat que vous souhaitez. Faites aussi toutes sortes de mouvements et de déplacements en disant votre texte.

Si vous maîtrisez bien votre corps, votre gestuelle et votre voix, vous constaterez que vous jouez mieux, de même qu'un musicien joue mieux avec un instrument bien accordé.

Le grand jour approche

Vous êtes arrivés à la fin des répétitions. Vous allez faire un dernier « filage », c'est-à-dire que vous allez jouer toute la pièce sans interruption. Le décor est prêt ou presque, les sons et la musique vont être diffusés, vous avez mis votre costume de scène. Vous réalisez que bientôt le public sera là et vous êtes soudain pris de trac. Vous n'avez plus de voix, vos jambes tremblent, vous ne savez plus votre texte. Que faire ? Isolez-vous dans un petit coin des coulisses. Laissez tomber vos bras le long de votre corps, faites des petits mouvements circulaires avec vos mains, puis inspirez profondément et expirez de même. Les battements de votre cœur s'apaisent, vous retrouvez un peu de calme.

La première

Le jour de la première représentation, vous connaîtrez peut-être la même sensation, mais vous ne paniquerez pas. Vous ferez votre petit exercice de détente en pensant que le trac ne sera pas votre ennemi mais votre allié. Il vous donnera de l'énergie et de la vigilance. Vous vous souviendrez peut-être aussi de cette petite histoire. Un soir de première, deux comédiens attendent le lever du rideau. L'un d'eux a un trac épouvantable. Il soupire : « Ah ! s'il y avait le feu au théâtre… – Tu irais l'éteindre pour jouer », répond l'autre…

Jouer est magique. Vous allez avoir beaucoup de plaisir à jouer *Le Minotaure*, à dire un texte très bien écrit mais qui laisse une grande liberté d'invention personnelle. Alors, amusez-vous bien !

Loi n° 49-956 du 16 juillet 1949
sur les publications destinées à la jeunesse
ISBN : 978-2-07-064703-3
Numéro d'édition : 296324
Premier dépôt légal dans la même collection : septembre 2003
Dépôt légal : novembre 2015
Imprimé en Espagne par Novoprint (Barcelone)